搾取される研究者たち

産学共同研究の失敗学

山田剛志

光文社新書

はじめに

本書は、文部科学省等、政府が推進する政策の一つである「産学連携」、または「産学共同研究」について、私が弁護士として関与した事案を中心に、その問題点を指摘したものだ。

文部科学省「大学等における産学連携等実施状況について」によると、平成29年（2017年）度における民間企業からの研究資金等受入額（共同研究・受託研究・治験等・知的財産権等収入額）は約960億円になり、前年度と比べて約112億円増加（13・3％増）した。

このうち共同研究については約608億円と、前年度と比べて約83億円増加（15・7％増）、その中で大型の共同研究にかかる受入額は約288億円と、前年度と比べて約56億円増加（24・3％増）したという。

このように順風満帆に見える産学共同研究に問題点はないのだろうか。

産学共同研究政策は、古くからあった政策だが、２００４年からさらに強力に推進されている。大学の知的資産を活用して新たな企業を育成し、大学も象牙の塔から脱却して、企業と接点を持ち、欧米のように研究費は自分で稼ぐべきだ、というのがその理由だ。

同時に、国立・公立大学を大学ごとに法人化し、各大学が予算についても自主的・自律的に大学運営を行う制度が始まった（２００３年に制定された国立大学法人法に基づき、２００４年に99の国立大学が89法人に再編された。同様に、地方独立行政法人法に基づき、多くの公立大学を法人にして独立性と効率性を求めた）。少子高齢化の中、政府の財政難が進み、大学にかける予算（一般経費という）は毎年減らされている。

産学共同政策は、特に強い反対もなかったので、15年以上継続して実行されており、かなりの予算も使われ、いくつかの機関が設立されてきた。また、その政策により、主に**①大学の知的財産の活用**、**②産学交流の促進**、そして**③大学発ベンチャー起業の促進**がなされたことは間違いない。

では、大学の現場で、それに見合う効果は生まれただろうか。

残念ながら、産学共同政策は大成功とはいえず、さまざまな課題が残されたままだ。

たとえば、産学共同政策に使われる予算は増えている。産学共同で用いられる予算は競争的資金と呼ばれ、拡大されてきたが、これは政策の成功を意味しない。なぜなら、文部科学予算全体では増えておらず、概ね一般経費を競争的資金にまわしているだけだからだ。つまり、産学共同政策で使われる予算（競争的資金）は増えているが、一般経費を移し替えているだけであり、人件費などの予算は減らされている。そのため、特に国立・公立大学には、任期付の教員ポストが増えるなど、いろいろなしわ寄せが来ているのだ。

しかし、これは本書のテーマではないので、これ以上触れない。問題は、この政策が、本当に大学のため、研究者（特に若手研究者）のためになっているかだ。

本書の中で具体例を取り上げ検討していくが、結論を先取りすると、「**現状では、大学教員（研究者）にも、特に院生等の若手研究者にも、企業にも、メリットがある公平な産学共同研究は、難しいのではないか**」ということになる。

たとえば、大学が、中小企業に無償で設備を使われたり、試作品の製作をさせられたり、一方的にヒト・モノ・カネを負担している事例を、共同研究と称していることが多いのではないか。大企業との共同研究でも、大学教員が対価に見合わない負担をさせられる事例も多い。

第1章では、共同研究において、企業と研究者の間の特許をめぐるトラブルを取り上げる。大学と企業の共同研究における特許に関しては、特許法の「職務発明」となる。だが、その「職務発明」において、大学と企業の関係は本当に平等だろうか。ノーベル賞を受賞された本《ほん》庶《じょ》佑《たすく》博士は、その発明の寄与をめぐり、日本では製薬会社を提訴する方針を固めたと報じられた。

産学共同研究において、企業と大学、そして大学と研究者の間に、特許に基づく利益は平等に配分されているだろうか。実は、私が確認したところ、かなりの数の大学では、共同研究に関して特別の規定があり、企業が上げた利益の半分（売上の3～6％程度）を大学が取得し、さらにその半分を研究者個人が取得するとされているが、実際にそういう運用がなされている例は聞かない。

つまり、理論的には、企業がその特許の製品化で上げた利益の50％を大学が取得し、さらにその50％（つまり企業の利益の25％）は研究者個人に帰属するはずだ。もちろん、その利益は、個人の収入としてもよいし、大学内にファンドや財団法人を立ち上げて、研究費として広く使ってもよい。仮に、毎年企業からの利益が入るのであれば、その利益を元手にして、財団法人を立ち上げるか、寄付口座（大学内で、通常経費とは別に処理される予算）にして、若手研究者を特任（特別任用）で採用することも可能なのではないか。これが、大学に競争原理を導入した本来の狙いであるはずだ。

そうなれば、若手研究者も、最終的に任期付（契約社員）だけではなく、無期限（正社員）の研究職を得ることができるかもしれない。大学が収益を上げれば、予算増となり、教員のポストも増えるかもしれない。「高学歴ワーキングプア」なる言葉も生まれたが、私としては、政策的に増えたポストドクター（博士号を取ったあとの若手研究者のこと。ポスドクともいう）が一人でも多く、正社員（任期付でない）の職に就くことを願っている。ポストドクターの制度的な背景は、第3章で詳説している。

最近、芸能界やスポーツ界などで、さまざまなハラスメントや長時間の無償労働などが摘発されるようになった。私が調べた限り、大学もその例に漏れない。

第2章は、共同研究をめぐるハラスメントの事例だ。たとえば、大学の研究室で、学生や院生らが、自分たちの研究に関連しない共同研究に対して、無償で長時間労働を強制されることは、本来許されるものではない。「昔からそうだった」とか、「これも教育だ」というのは、そろそろ通じないのではないか。研究室制度も大学の医局制度もそうだが、今後のあり方を再検討しなければならない。

共同研究で、特許が生まれた場合――多額の利益を生むような特許は多くないが（千のうち三つという話もある）――それはいろいろな形で使われる。ただ、現状では、特許を企業から取得する仕組み（子会社のベンチャーキャピタルなど）がある大学は多くない。また、例外を除き、研究者個人に還元される仕組みもない。

もちろん多くの大学に、ＴＬＯ（技術移転機関）なる組織があるが、その目的は共同研究を増やす橋渡しをすることで、研究者個人の代理の役割を担うものではない。つまり研究者個人の安全装置はないのが現状だ。研究者が一人で共同研究を行うのは、昔の西部劇にたとえて「丸腰で決闘に臨む」ことと同じというのは、言い過ぎだろうか。

研究室を主宰する教授クラスの研究者にも、いきなりパラダイムシフト（それまで当然と思われてきたことが変わること）が起こり、かつて「業者」と呼んでいた「企業様」と共同研究をして、研究費を取らなければならなくなった。そういう状況で、若手の研究者が研究室の中で板挟みにあい、「搾取」されている事例も多いのではないか。**共同研究は数が目的ではなく、お互いにメリットがある案件をどれだけ増やせるかが重要だ。**

その視点がなく、共同研究の数だけ求められていると、企業と研究者の間でいろいろトラブルが起きる。しかし、その実態はこれまであまり表には出てこなかった。

本書は、その手のトラブルを扱った弁護士としての経験を踏まえて、大学研究者の視点から実際の紛争を取り上げる。通常の弁護士では、これらの問題の背景が理解できない。私のように研究者であり、かつ弁護士でないと、産学共同の問題点の本質は理解しにくいのだ（通常、私は企業側の代理人を務めることが多いが、本書の事例では研究者側に立っている）。

私は、具体的な紛争に関わった経験から、実は誰にもいえないで悩んでいる若手研究者が多いのではないか、と感じている。本書は、実例の中で前記の問題点に関する解決法のヒントを挙げることで、紛争を少しでも減らしたいという目的で書かれている。


第3章の内容は、大学発ベンチャー企業に勤務する、あるポストドクターの相談を受けたことがきっかけだ。その実態を理解するため、大学発ベンチャー企業について調査したが、その過程で、さまざまな驚きがあった。マスコミに取り上げられている大学発ベンチャー企業に、お話を伺いたいと申し入れたところ、「私企業なので、お断りします」と言われたことが何度かあった。上場している大学発ベンチャー企業でも、面談を断られたところが複数である。

「産学連携」は、小泉内閣以降、政策的に推進された制度だが、運営面はなかなか厳しいのではないか。私の専門は商法・会社法で、まだ30年ほどしか研究していないが、その常識では量れない会社が数多くあった。

株式会社は、本来、売上があることが基本だが、大学発ベンチャー企業では、実体がほとんどない会社や、売上がほとんどなく、公的な資金や研究のための投資を受け入れて、研究開発をしている会社がいくつかあった。

一方、大学発ベンチャー企業のための公的な支援はかなり充実していて、多額の予算がかけられている。しかし問題はそれをどのように活かすかだ。特許に基づいて画期的な技術や商品を開発し、会社ごと売り抜けるような計画（バイアウトという）もいくつかあったが、日本では、まだそういう制度が根付いていないと感じた。

大学発ベンチャー企業には、ポストドクターである若手研究者が雇用されているところもあった。彼らの仕事は、同じ研究員でも、大学付属の研究所とは少し違う。仕事の内容は、企業内研究者と似ているが、彼らは、任期付の契約社員だ。彼らの雇用契約書の中には、発明に関する権利があらかじめ放棄させられている例もあった。若手研究者の立場はそれだけ弱い。

それだけでなく、もしベンチャー企業が補助金を含む資金を獲得できなければ、キャッシュフローがまわらず、営業停止となり、若手研究者も解雇となる。非常に不安定な職場環境だ。

前記したように、大学発ベンチャーには、ほとんど製品の売上がない会社があった（実体がない会社も）。たとえば、理系のある有名大学には、70社以上の大学発ベンチャー企業があるとされていたが、確認したところ、営業を継続しているのは3社だった。

大学発ベンチャーに限らず、ベンチャー企業は、最初の時期にいかに多くの資金を集めるかに注目が集まるが、企業は継続が重要だ。ポストドクターをはじめとする従業員の方の雇用を守るためにも、早めに売上を上げて、資金をまわすことを第一に考える必要があるのではないか。

こうした状況の中で、ポストドクター問題の課題も浮き彫りとなっている。

本書は、読んでいただければおわかりの通り、私個人の経験をベースに書かれたものだ。

全国の大学の現場で、どのような問題や不満があるか、本音ベースで回答されたデータや統計に基づく書籍ではない。

そこで、読者の方には、是非私のホームページのアンケートにお答えいただければ幸いだ（本書を購入しないで回答されても構わない）。ある程度の数の回答があれば、日本初のデータとなる可能性が高い。もし、現在進行形で何らかの問題を抱えている場合は、それもご記入いただいて構わない。時間と力の許す限り、回答しようと思う。もちろん、ある程度の回答数がたまったら、何らかの形でフィードバックをさせていただく予定だ。

【ホームページＵＲＬ】

https://sites.google.com/view/sakushu-researcher

目次

序章　研究者はいかに搾取されているか

似たような事件

「はじめに」に書いたように、私は大学教員の傍ら、弁護士実務に従事している。研究者だが、法科大学院開設の際に、実務を知る必要があるということで、弁護士登録をしたのだ。ちなみに、２００４年開設の法科大学院は、司法制度改革の一環として設立された機関だ（今は半数以上が募集停止となっている）。

つまり私は、大学で法律を教えながら、法律に関する相談を受けたり、裁判など法律業務にあたったりしている。本書で折に触れて、司法制度改革の話が出てくるのは、それに伴う私自身の「制度改革」による変化も大きかったためだ。これも天命だと思い、研究と並行して、できる限り弁護士実務も行ってきた（通常、私は専門の知識を生かし、企業側の弁護に当たっている）。
実際、弁護士登録後、さまざまな難題を抱えた依頼人や、本書で取り上げるような恐ろしい相手方に鍛えられながら（?）、15年以上実務を続けてきた。

私の専門は会社法だが、それ以外のいろいろな民事事件を扱う。弁護士の職務では、不思議なことに、同じ種類の事件の依頼が立て続けに来ることがある。たとえば、会社を乗っ取られたという相談は、全国でもそう多くないはずだが、なぜか続けて依頼があった。これは私の専門でもあり、会社の「支配権（株主総会の過半数の議決権により、会社を支配する）」をめぐる血みどろの争いのことを指す。また、民事再生（倒産の一つ）に関連してＭ＆Ａ（企業買収）案件も多い。その結果、買収した会社の事業に関与することもある。私の自宅にいくつか盆栽があるが、これは盆栽の雑誌を発行する会社の買収に関わったことによる。
３、４年前に、立て続けに手がけた印象的な事件は、「後妻業（同じ題名のドラマがあった）」だ。「〇〇のドンファン」というのがはやったが、妙齢の女性が、独身の（妻を亡くした）高齢男性に近づき、再婚し遺族年金を得て、遺産を独占する事例だ。男性が亡くなる直前に籍を入れるのがその手口だ。

続けてこの種の事件を扱い、これは高齢化社会の縮図であることに気がついた。配偶者に先立たれた男性が、直面する課題である。これは私の専門分野ではないが、よく知っている方に紹介され、かつ依頼人がとても困っていたので、引き受けた。

これに関連して、記憶に残る事件があった。その事件では、夫が末期癌で亡くなる２日前に、妻が勝手に籍を入れた。夫が死の床にあるとき、その女性は、夫名義の土地は自分に、建物は夫と血縁のない連れ子に贈与して、登記名義を換えた。夫の預金は、ＡＴＭで毎日１００万円（１日で引落し可能な額）ずつ全て引落し、自分の口座に入れた。非常に手慣れている。手際の良さから見て、おそらく初めての「犯行（？）」ではないだろう。

その後女性は、夫の遺族から婚姻は無効であるという裁判と、遺産分割をめぐる裁判を起こされ、壮絶なバトルとなった。この過程で、私はこの種の争いに勝つ「こつ」を発見した……。が、話を続けると、これだけで新書１冊分になるので、別の機会に譲る。

本書のテーマとなる産学交流をめぐる相談も、立て続けに舞い込んだ。これから紹介する三つの事例は、概ね、実話に基づいている。ただ、匿名性を守るため一部脚色している。

本書では、以下の三つの事案を、各章に分けて説明していく。

最初に来た相談は、特許をめぐる争いだ。旧知の依頼人が相当に困っていたので、休日だったが、相談に乗ることになった。依頼人はまだ30代で、私立大学化学系学部専任講師（教授、准教授の次の職位）である。彼のことは、以下、Ａさん、あるいはＡ講師と呼ぶことにする。

Ａ講師は、プラスチック材料とその成型加工に関する研究をしており、近年、脚光を浴びている。なぜ脚光を浴びているかというと、Ａさんが研究・開発を進めているプラスチック材料とその製造方法は、従来の射出成型による成型加工に適用できるだけでなく、３Ｄプリンターに応用した場合に、三次元造形に要する時間を従来よりも大幅に短縮することが可能となるからだ。その上、製品の強度や精度といった機械的性能も飛躍的に向上することが期待されている。つまり、この研究の進展によっては、３Ｄプリンターで容易に製品を複製できるようになるのだ。大変有望な発明で、大手メディアのニュースで取り上げられたこともあるらしい。

土曜日の午後のある日、何年かぶりにA講師から私の携帯電話に連絡があった。すぐに会えないかという。

「来週の火曜日か木曜日はどうですか」と返すと、A講師は「これから会えませんか」と言う。

ただならぬ雰囲気に、予定をキャンセルし、急遽自宅近くのホテルのロビーで会うことになった。土曜日で法律事務所は閉まっていたからである。

私は、資料の整理でもしようと、30分以上早く待ち合わせ場所に行った。A講師は、約束の時間より15分も早く、待ち合わせ場所に青い顔で現れた。最寄りの駅から、多くの資料を抱えて走ってきたらしい。顔には、大粒の汗が浮かんでいる。

「休日に申し訳ありません。実は共同研究先の企業の弁理士（特許出願や商標出願の専門職）から、こんな紙が送られてきたもので、驚いてしまって。頭の中で山田先生の顔が浮かんで、急に連絡させていただいた次第で……」

A講師は大粒の汗をかきながら、抱えてきた大きめの鞄から、書類を出して説明を始めた。一番上の紙を見ると、「権利放棄書」とある。その下の書類は「共同研究契約書」「秘密保持契約書」「共同特許出願契約書」と続き、それぞれの契約書には、公証人による確定日付（後日のトラブルを避けるために、公証人役場にいる公証人から押してもらう日付入りのスタンプ）が押されている。これ自体に特に強制力はないが、赤い大きなスタンプの中に「公証人○○」と書かれているので、法律の素人はドギマギしてしまう。弁理士はその効果を狙ったらしい。

「これらの書類は、どうしたのですか？」

「プラスチック加工の共同研究先の企業から、いきなり届きました。あまりに驚いて、山田先生にご連絡した次第です」

Ａ講師は汗を拭きながら、これまでの経緯を簡単に説明した。

Ａ講師は、大学のＴＬＯ（Technology Licensing Organization：技術移転機関）の紹介で、東北地方の中小の光学機器メーカーであるＢ会社と、プラスチック強度に関する共同研究を行うことになった。Ｂ会社は、自社の機器を使っての新製品の開発を夢見ている。経済的に苦しい中、あちこちの大学と共同研究を行っていたが、めぼしい成果もなく、新製品もできなかったようだ。

B会社は、ある日ニュースで見たA講師の研究に一縷《いちる》の望みをかけて、共同研究を始めた。当初、共同研究は難航したが、A講師は献身的に、手弁当で研究を続けた。実験自体に興味があったし、共同研究は社会還元の一部と考えていたからだ。

数カ月間、A講師は、B会社の光学機器に、いろいろな改良を加えた。さらにA講師の基礎理論に基づいた解析方法を光学機器に組み合わせたところ、自由に強度を調整できるプラスチック素材が見つかった。

B会社の代表取締役であるC（以下C代表とする）は、次のように述べた。

「A先生のおかげで、うちの機器ですごい発明ができそうです。ありがとうございました！」

「いえいえ、皆さんの努力の賜物ですよ。でも、まだ確実にできるかどうかわからないですから、実験を続けましょう」

「研究は、あとはA先生にお任せしますわ。でも特許申請しないと。もちろん共同特許ですので!!　わははっ」

C代表は浮かれて、心ここにあらずの様子だった（図1）。

その後、これまでの成果を踏まえ、大学の許可を得て、A講師とB会社は共同特許出願契

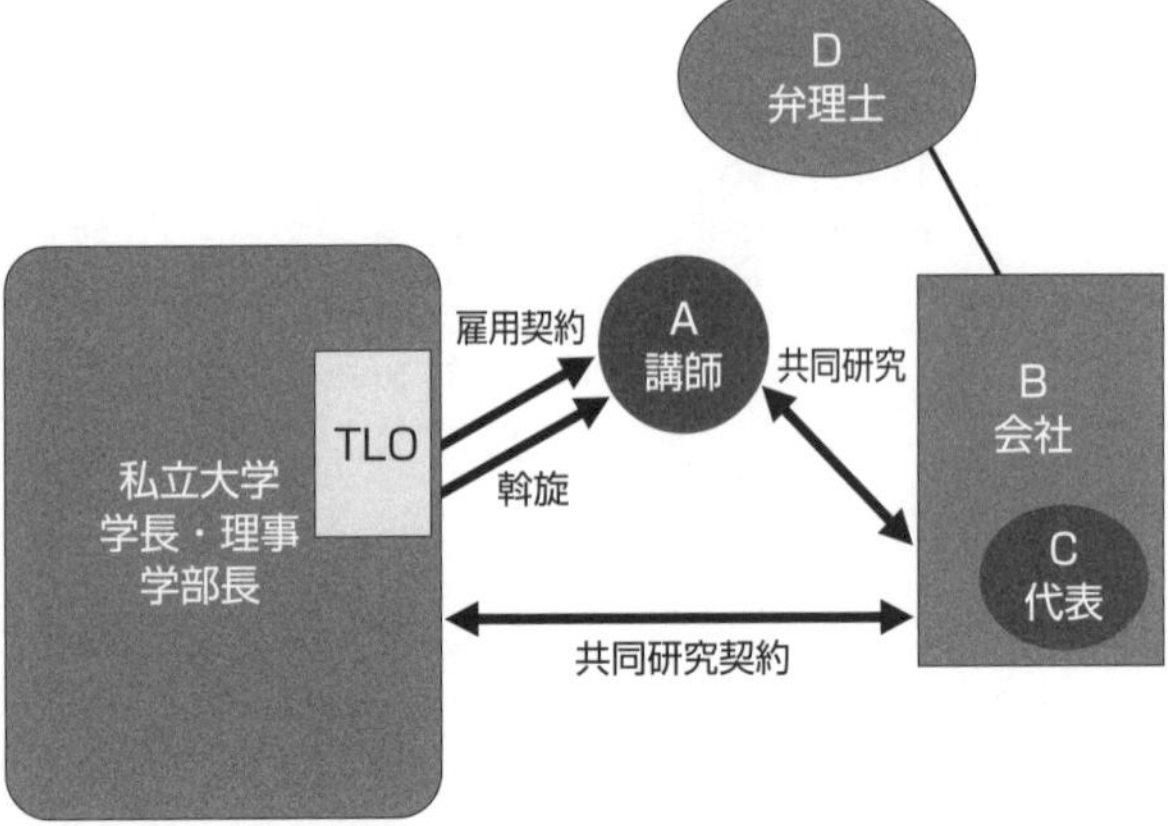

図1　第1章の関係図

約を結んだ。その契約に基づき、A講師とB会社は、D弁理士を代理人として、いくつか特許出願を行った。契約では、発明者は「A講師とC代表、及びB会社の技術者」とした。

A講師は、実用化のためにはさらなる追加実験が必要と考えていた。しかし、C代表は違った。会社の資金繰りが苦しいので、発明をいち早く資金化したかったのだ。その意図を知らないA講師は、社会貢献と思い、大学の許可（大学が承継しないという決定）を得た上で、特許出願に同意したのだ。

A講師は、この発明の実用化のために、何度もB会社に追加実験を要請した。

すると突然、D弁理士からA講師のもとに

1通の手紙が届いた。それが、A講師が私に慌てて電話をしてきた「権利放棄書」である。

本件特許申請に関し、特許を受ける権利（特許が成立すれば特許権となる）を放棄しろという、まるで「脅迫状」であった。A講師が共同特許出願契約書を見直したところ「**運用**は全てB会社に任せ」とある。本件は、大学研究者がよく契約書を読まないことを悪用した詐欺に近い（もちろん読まない方が悪いし、気がついても変更を求めないのも悪いが、大学研究者はそのような経験がない）。

もちろん契約に際し、A講師は自らの権利を放棄するなどという説明は、B会社から受けていない。さらに、今の状況ではまだ不十分な機器であり、それで製造を行うと、不良品となる可能性が高い。たとえば医療器具などで事故が起きたら大変だ。実証実験が足りないのである。しかしB会社は資金繰りが苦しいため、ただちにA講師の理論に基づいた機器を販売したいのだ。

A講師は、技術が未完成で、このままでは製品が不良品となる恐れがあるため、（私と相談の上）権利放棄（実質的には権利の無償譲渡。A講師が放棄すると権利はB会社の単独の権利となる）の請求を拒絶した。するとC代表は、A講師が勤務する大学、他の共同研究先企業に、「AがB会社の特許を盗もうとしている」などという誹謗中傷を含んだ「怪文書」

を何通も送りつけたのだ。

読者の方も、根も葉もない「怪文書」が自分の職場に送られてきたらどうなるか考えてほしい。

それまでマスコミでも好意的に取り上げられ、優れた研究者と思われていたA講師は、怪文書が届いてから、大学内でも、他の共同研究企業からも、犯罪者扱いされるようになった。世の中には優れた人物に対する嫉妬もあり、すぐに手のひらを返す。A講師は、所属大学から解雇の危機すらあった。

果たしてこのあと、A講師はどうなるだろうか？　続きは第1章で。

共同研究契約と大学院生の「涙」——第2章の予告編

地方公立大学教授の甲さん（以下、甲教授とする）は、工学部で分析化学を専門とする研究者である。50代の働き盛りだ。しかし知人の紹介で相談に見えたとき、甲教授の表情はさえなかった。

「初めまして、○○大学の甲と申します。この度はご相談に乗っていただきありがとうございます……」

相談は、几帳面そうな挨拶から始まった。

その内容は、おおよそ以下の通りである。

甲教授は、大学の共同研究方針に従い、地元の中堅企業である乙会社と共同研究を行っていた。甲さんの所属する大学でも共同研究は重視されていて、積極的に進めるよう、教員には圧力がかかっている。

甲教授は、社会貢献としてだけでなく、研究費がもらえることも期待して、積極的に共同研究を受託していた。公立大学の研究費は、総じてあまり多くない。都道府県からの運営費交付金という補助金が、毎年減少しているからだ。全体の予算が少ないので、大学から研究室に割り当てられる研究費も、毎年削減されている。

甲教授の研究室は、任期付助教（研究職の教員のうち、教授、准教授、講師の次に位置づけられる）1名、大学院博士課程院生2名、修士課程院生4名、学部学生6名からなる中規模のものだが、大学から支給される運営費は年間50万円くらいで、測定機の一台も満足に買えない。メンバーの実験や出張などを賄うには、とても足りず、科学研究費（いわゆる「科研費」。税金で賄われる研究費）や、大学外の研究費を取ってこないと、研究室の運営ができない。

そこで理系学部（文系学部もだが）では、文部科学省などの方針もあり、企業との共同研究や、企業からの研究助成が推奨される。つまり、研究しながら「自分で研究費を取ってこい」ということだ。一方、企業から研究費をもらうと、企業側から大学に対して、いろいろ無理難題も寄せられる。今回の相談内容は、まさにそれにあたる。

研究室を主宰する甲教授は、研究費をより潤沢にするために、さまざまな企業と共同研究を行っている。そのうちの一つが、地元の中堅企業である、前述の「乙会社」だ。

ちなみに地方では、大学のＴＬＯだけでなく、市や県などが産業振興のため、共同研究を斡旋《あっせん》することも多い。公立大学にとっては、地域貢献と産学交流（大学と企業の交流）の実績のアピールにもなる。

「乙会社」との共同研究も、もともと県庁から大学への斡旋だった。公立大学にとって県庁はスポンサーなので断りづらい。また、ＴＬＯも自らの実績になるので、本件を甲教授に紹介した。

つまり本件は、人材不足に悩む乙会社が、中小企業振興事業の一つとして県庁に相談したところ、県庁が大学に照会し、大学のＴＬＯが本件の内容を見て専門が近い甲教授を紹介し、共同研究契約締結に至ったものだ。このように、本件はいろいろな機関の利害が絡み合っているのだ。

さて、こうした共同研究で問題になるのは、研究室に所属する若手研究者の待遇だ。

甲教授が属する公立大学法人（２００４年の独立行政法人化で、国立大学は「国立大学法人」となった。それに併せて、多くの公立大学も「公立大学法人」となった）もＴＬＯを持ち、産学共同研究を進めている。

通常、共同研究は、契約から始まる。その契約は特殊なものだ。産学交流の場合、契約の当事者（この場合、名義人という意味）は、あくまで公立大学法人（学長）と会社（代表取締役：社長や会長であることが多い）だ。教授は、契約の当事者ではなく、研究担当者としか書かれないが、実質的には責任者だ。つまり契約上、一番重要な教授は契約の当事者ではない。そして、助教や院生は、研究担当者にすらならない。

今回の事例では、契約書のひな形は乙会社が準備し、それを大学のＴＬＯ部門がチェックした。チェックといっても、ＴＬＯ部門を担うのは大学職員であり、法律の専門家ではないので、契約の中身を大幅に変えることはなく、ほぼそのままだ。

契約内容は、概ね次の通りである。

①研究費は、2年間で２００万円。ただし、20％は大学の間接経費（事務経費）として吸収され、直接経費（実際に使える額）は１６０万円程度である。

②研究場所は、甲教授の研究室であり、必要があれば甲教授の指定する者（院生など）が、この研究に従事することができる。ただし、その費用は前記の金額に含まれる。

③研究目的は、「製品の高精度な分析方法の確立」とだけされている。実施細目（実際の作業など）は、担当者らが協議して定める。

契約書自体は4ページにもわたる。しかし私が見たところ、甲教授または乙会社が、どのような義務を、いつまで負うか、具体的な契約条項は何も書かれていない。それは、乙会社担当者と甲教授がメール等で協議して決めるのだ。

私個人としては、**このような恐ろしい契約はとてもできない。どのような義務を負うか、これから決めるという契約内容だからだ**（図2）。

案の定、乙会社からは無理難題が降ってくる。

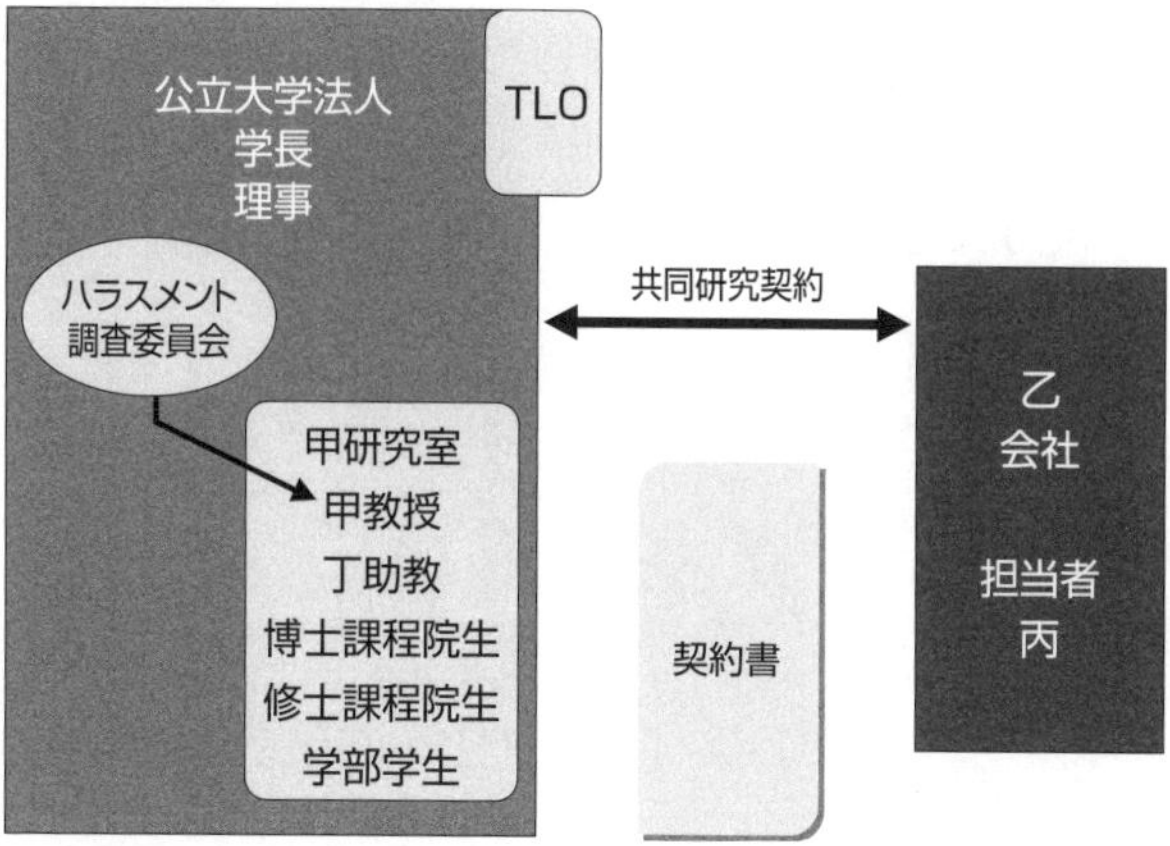

図2　第2章の関係図

　ある日、乙会社の担当者丙（以下、担当丙とする）が研究室に来て、甲教授に要望を伝えた。

「甲先生。先生の論文にあったような、高精度な分析測定器、来月までに試作できませんか？　うちのクライアントが興味を示しているのですが」

「来月は厳しいので、翌々月の末日までならば、何とかできると思いますが……」

「仕方ないですね。それでは、2カ月後までにお願いします。部品は、当社から仕入れてくださいね」

　こうしたやりとりを経て、「乙会社に合わせた高精度な分析測定器」を、甲研究室で2カ月後の末日までに完成させることで、話がまとまったという。

問題は、甲教授一人ではこの作業を完遂できないということだ。若手研究者がただで利用されるのである。


「研究費が出るだけいい」かというと、そうではない。甲教授によると、乙会社からの研究費の半分は、乙会社からの部品購入で消える。これでは、材料の現物支給と同じである。

「甲先生、それでは研究費ではないですね」

「地方では、そのまま研究費を出してくる企業はありませんよ、山田先生。大きな補助金が出たときには、乙会社に実験器具などを発注していますし……。いろいろありますよ」

私には、この話が共同研究とはとうてい思えないが、現場ではよくある話だという。


さて、本題に戻ろう。

甲教授の相談とは、乙会社から依頼された試作品の完成が難しくなったことだ。共同研究をいくつも受託して（多くの共同研究を受託する方が大学から評価される）、多忙を極めているためである。しかし担当丙からは、矢のような催促が来ている。もともと乙会社は、県の中小企業振興事業を通じ、県庁の斡旋で、公立大学に共同研究の依頼をしたものだ。このまま本研究が完成しないと、多方面に迷惑をかける……。甲教授の悩みは深かった。

そもそも「試作」自体が厄介だ。仮に本当に正しい理論に基づき、大学の研究室で論文や特許になる程度の実証実験に成功していたとしても、実際の製品として装置を製作して納品するのはとても難しい。

甲教授の留守中、担当丙から以下のような電話が研究室にあったという。

「甲先生、また、いないんですか？　メールを出しても返事がないんですが、どうなっているんですかね？」

「院生の〇〇ですが、ご用件は教授に伝えます。何の御用ですか？」

「今月末までの試作品の製作ですよ？　聞いていませんか？」

「聞いてはいませんが……」

「それでは、これから私が行って、直接お伝えします」

最近は、担当丙が研究室に来て、直接、助教や院生に指示を出しているという。

甲教授は、他の共同研究企業との打ち合わせや、別の共同研究の受託のため、あまり研究室にいない。いきおい、担当丙は、助教や院生等と、直接連絡を取ることになる。

若手研究者である彼らは、自分の研究もあり、余裕が全くない上に甲教授から共同研究を指示されて、非常に不満がたまっている。その上、乙会社の担当丙までいろいろ指示を出してくる。

助教は、期限付きの雇用である。研究が評価されることで、初めて無期雇用に望みがつなげる。だから、自分の研究を仕上げるプレッシャーと常に闘っている（第3章参照）。博士課程の院生は、休日もなく、時間外手当ももちろんない。それどころか授業料を支払っていながら、無給・無休で、作業にあたっている。

「甲先生、助教や院生の方から、不満はないのですか？」

「ないとは思いますが、顔は疲れています……」という。

後日わかったことだが、このとき、助教や院生も爆発寸前だったのだ。

この話を聞いて、私は自分の大学院生時代を思い出した。もう20年以上前の話である。

毎日、みぞおちあたりにおもりが載っているような不快感をずっと覚えていた。体調は、いつもすっきりしない。「論文は完成するか、大学に就職はできるのか、いつまでこのままの生活が続くのか」と自問自答していた。私自身、まさに「高学歴ワーキングプア」の瀬戸際にいた。

先行きが見えない中、院生の生殺与奪の権を握るのが、指導教員だ。いわばボスだが、会社と違い、理系研究室では、労働基準法（最低賃金や労働時間の上限などを定める法律）の適用もなければ、就業時間の規定もない。そのボスから、休日も「研究室で、試作品を製作してくれ」と言われれば、院生はノーとは言えない。もちろん指導教員側には、文部科学省や大学から共同研究のプレッシャーがかかっている、という言い分がある。

相談を受けた数日後に、甲教授からメールがあった。

「山田先生、乙会社から、『約束の期限を過ぎて納品がないと、大学にクレームを申し入れる。場合によっては、法的手段も考える』という連絡がありました」

どうやら期限通りに試作が完成しなかったらしい。

現場の若手研究者たちはどういう状態に置かれているのだろうか？　甲教授の命運は？

この続きは第2章にて。

大学発ベンチャー企業とポストドクター――第3章の予告編

２０１９年は、契約社員の雇い止め問題が深刻な年だった。２０１３年の労働契約法の改正によって、「有期雇用の労働者について契約を更新した結果、通算5年以上の勤続となるような場合、無期雇用（期間を定めない雇用）に転換するよう求めることができる」という無期転換ルールが適用されたからだ。つまり、２０１３年から２０１８年を超えて——5年以上契約社員を継続した場合、無期雇用になるため、その前に契約社員（非常勤講師や研究員）の雇い止め（契約しない：事実上の解雇）が行われたのだ。

２０１９年末、私のところに相談に来たXさんは、いわゆる「大学発ベンチャー企業」に勤務する研究員であった（以下、X研究員という）。X研究員は、まだ30代前半で、国立大学の大学院博士課程を経て、博士号を取得した若手の研究者だ。X研究員の専門は、微生物に関する分子生物学の研究である。

「山田先生、ご多用中お時間をお取りいただきありがとうございます。株式会社ウンターネーマーチュームのXと申します」といって、名刺を差し出した。

「Xさんは、企業の中で研究をされているのですか？」

「はい。博士号取得後、ポスドクをしていたのですが、大学での職が見つからないので、知り合いの紹介で今の会社で研究職をしております」

「そうですか。御社ではそういう方は多いのですか?」

「職種によりますが、当社は、分子生物学が専門で、博士号取得者かそれと同等の資格の者を、研究員として有期雇用しています。研究成果によって契約が更新されます。そういう者が、だいたい5~6名はおります」

「1年契約ですか?」

「研究職は毎年更新で、最長2年までと決められています。その間に、業績を上げた研究員は、大学に就職するか、有期雇用になるはずですが……」

「そうではないのですか?」

「どうも、大きな補助金が取れなかったようで、財務的に厳しいようです。また私は、2年目なので、優先的に契約を切られるようです。なかなか次の職場も見つからなくて……」

私も、大学院博士課程を修了した時点で30歳を超えていたから、身分が不安定な状況は痛いほどよくわかる。こうした状況は、文系・理系問わず共通に存在する。

2018年、ノーベル賞を受賞した山中伸弥教授が主宰する京都大学iPS研究所で、研究員が一人、研究不正が原因で解雇された。その研究員も有期雇用であった。無期雇用になるために、より明確な研究成果が欲しかったのだろうか。

非正規労働者が日本中で２０００万人を超えたというニュースがあったが、大学にも、企業の研究員にも、有期雇用の問題がある。

「山田先生は、会社法が専門とお聞きしましたが、私のような立場の者は、どうにかならないのでしょうか？」

「ご存じのように、日本全国の大学で、非常勤講師や有期雇用の研究員について、同じような問題が起きていますね」

前述のように、私は会社法が専門であり、通常、企業側に立つことが多い。そういうときはいつも、労働法専門の弁護士と対峙して苦労する。しかし、憔悴《しょうすい》しているXさんを前にして、弁護士の立場の違いを説明しても意味がないので、黙って聞いていた。

「現在、いくつかの大学で裁判が起きていますが、講師（非常勤職員）側にとって、状況は難しいようですね」

「私は、来年3月で雇用を延長されずに、退職になるのでしょうか？」

Xさんが聞いてきた。

「山田先生、何とかなりませんかね。私には家族もいるので……」

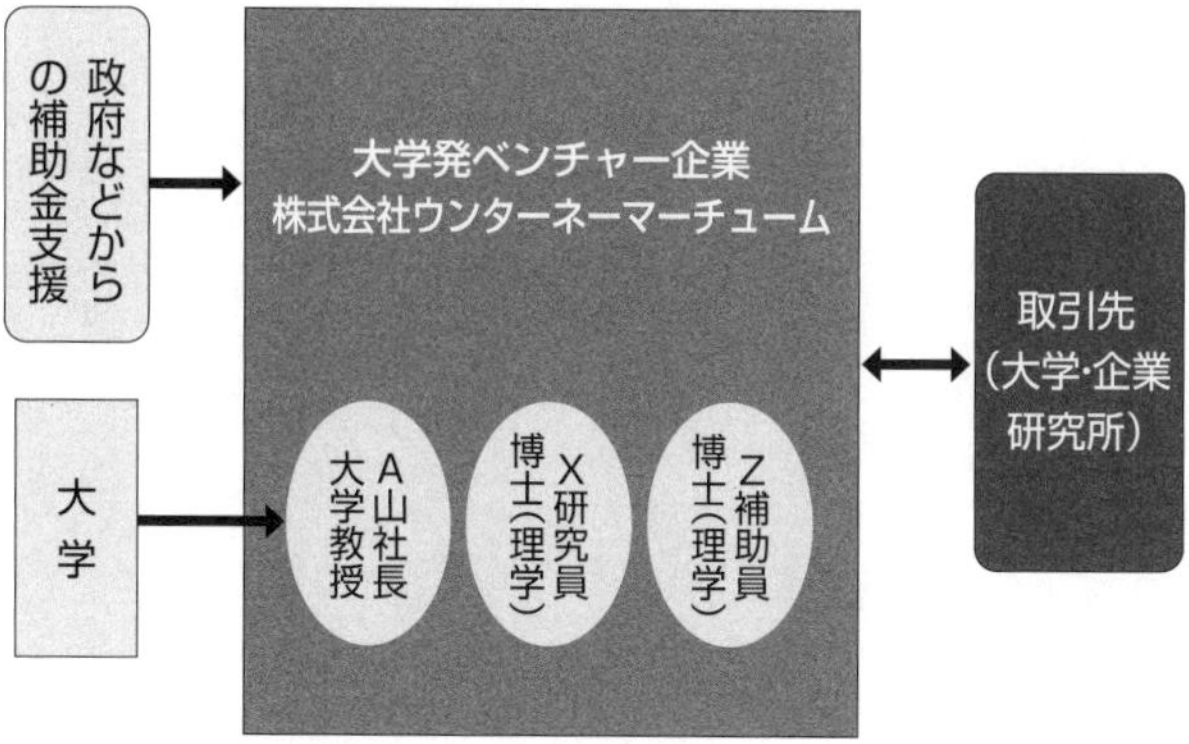

図3　第3章の関係図

切実な訴えである。現状では、いかんともし難いが、とにかく「大学発ベンチャー企業」について調べてみることにした（図3）。

会社法を専門に研究していても、これまで「大学発ベンチャー企業」の実態は、あまり知らなかった。調べてみると、私の想像を超えた会社だった。売上がほぼないというか、商品が売れないのである。そのような会社が、はたして存在するのか？　続きは第3章で。

本書では、これら三つの例を中心に、産学交流に関連して「いかに研究者が搾取されているか」を、研究者である弁護士の視点から説明していきたい。

この問題は、実は理系大学では公然の事実

だが、これまで表立って誰も触れてこなかった。その陰で、何万人もの（若手）研究者たちが、非常な苦労を強いられている。その点を改善するために、本書は書かれた。

そのために、なぜ産学共同が推進されてきたのかを明らかにしたい。この三つの事例が、実はパズルのように密接に絡み合い、一つの契機に遡る。最初はややミステリー風な謎解きとなるが、三つの事件を検討しながら、共通項を探ってみよう。

第1章　共同研究と特許権

序章の一つ目の事例を受け、本章では、共同研究にまつわる特許の問題を説明する。具体的には、①共同研究をめぐる交渉の問題、②特許の発明者に関する問題、そして③大学と研究者の特許権の問題（職務発明）を、実際に扱った事例をもとに順に取り上げる。

1、研究者の立場と共同研究の背景

学会活動と研究者

序章で触れた、私立大学Ａ講師の話に戻ろう。

共同研究先であるＢ会社Ｃ代表は、Ａ講師が「権利放棄書」を返送しないため、特許の独占ができなかった。そのため、C代表はA講師が勤務する大学や他の共同研究先企業に、「AがB会社の特許を盗もうとしている」などという根も葉もない怪文書を送りつけた。

A講師は、まだ30代である。これから大学では准教授・教授に昇進したいし、学会で認められるような研究もしたい。しかし、研究者の世界は狭いので、何かあったらすぐに噂は広まる。

ここで読者の理解を促すため、ざっくりと研究者の活動を説明しよう。

研究者は一般的に、大学院の修士課程を修了したあと、博士課程を経て博士号を取得し、研究者として出発する。その後、大学などに就職をして研究を続けるのだが、この就職が大変だ。博士課程を修了しても、すぐに定職（任期付でない職）に就けないことが多く、ポストドクター（第3章で詳しく述べる）と呼ばれる立場で研究を続ける。中には、大学の非常勤講師の職を掛け持ちしながら、研究を続ける者もいる。第3章で取り上げるように、企業の任期付研究員になる場合もある。先が見えない状況が続き、非常に辛い（図1）。

また、研究者に付きものなのが学会だ。研究者志望者は、早ければ学部4年生から学会に加入し、学会報告や論文執筆など、研究活動を始める。研究者は、個々の興味により、複数

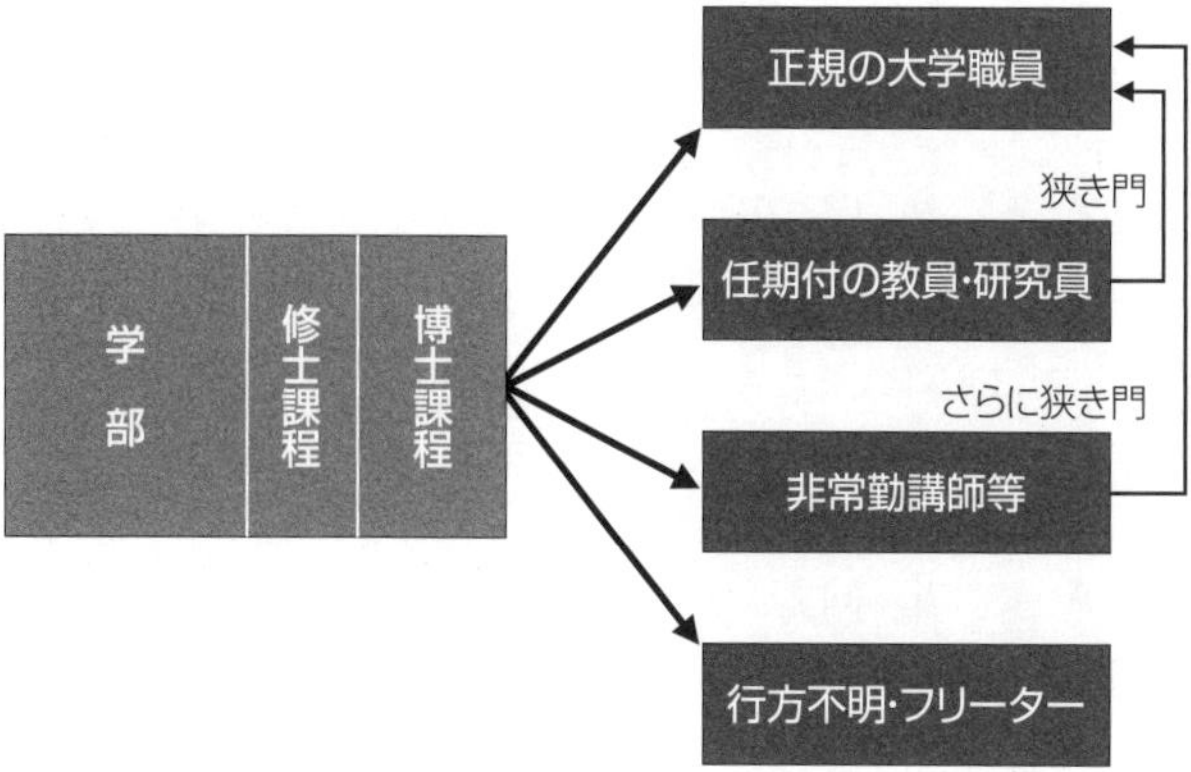

図1　ポストドクターとは？

の学会に加入する。

　学会を通じて研究活動をすることは、研究上の刺激を得ること以外にも、いろいろな意味がある。その一つが、就職だ。地道に研究を続け、積極的に学会発表を行ったり、裏方仕事をしたりしていると、ある日突然、偉い先生からメールが来て、それが大学の就職につながることもある（第3章参照）。見ている人は、ちゃんと見てくれているのだ。

　さらに一度就職した研究者が、別の大学や別の研究機関に移るときにも、学会のつながりが重要だ。大学はある意味、さまざまな専門家の集団だ。ある大学の研究者が、別の大学に移る場合、基本的には同じ専攻の講座間で移動する。つまり、A大学工学部有機化学講座教授から、B大学理工学部有機化学系教授に移動する、という具合だ。A大学には、それぞれの講座の専門家が集まっており、移動する場合は、同じ専門の他大学のポストへ移ることになる（第2章参照）。学会には、同じ専門の研究者が集まるので、そこでのつながりが就職につながることもあるわけだ。

そうすると学会では、誰に声を掛けられても「ありがとうございます。これからもよろしくご指導のほど、お願い申し上げます」と対応するのが、ベストな選択となる。どの先生がいつ同僚や上司になるかわからないからだ。つまり、学会での評判が非常に重要なのだ。

学会内での共同研究との違い

同じような意味で、学会で「共同研究をしませんか」と声を掛けられたら、「大変光栄です」と返すのが吉だ。研究者同士なので、互いに知恵を出し、貢献しあって研究をまとめていく。あまり予算はないが、互いに工夫して進める。知恵も出さず貢献もなくお金も出さないのに、研究成果だけを無償で取り上げるような共同研究は、自分の評判に関わるため学会には存在しない。つまり相手が共同研究をやりましょうといえば、相手を疑わず、自分の知恵と技術、資金などを出す。本書ではこれを「性善説に基づく対応」と呼ぶ。

同じ学会の研究者同士の共同研究は、互いに非常に丁寧な対応となる。

「この度はご高名な先生にご協力いただきまして光栄です」

「私のような駆け出しの者にお声がけいただきまして、大変恐縮に存じます……」

同じ学会内では、いつ利害関係が生じるかわからないから、誰にでも丁寧に対応する、というのが基本だ。

別の共同研究のパターンもある。論文の価値を高めるために、研究者は、同じ学会だけでなく、他の専門家にも意見を求めたり、別の分野の研究者に測定方法などのアドバイスをもらったりすることもよくある。そのような場合、意見をもらった他の研究者との共同研究となり、論文の共著者となる。異なる分野の研究者間の共同研究も、性善説的対応がベースだ。

これらのケースは、本章の主題である、**大学の研究者と企業の一方的な共同研究**とは違う。もちろん、企業の中にいる研究者が学会で共同研究を行い、同じように性善説的対応をする場合もあるので、人によるが……。

繰り返すが、知恵と技術を出し合って、互いの専門知識を交換し、さらに研究を深めるのが、学会内での共同研究だ。研究者同士、相手の実情を知っているので、無理はいわないし、一方的に相手に頼ることもない。そんなことをすると、すぐに学会内で悪評が広まる。「〇

○さんは、一方的にお願いばかりする……」といったかたちで。なので、互いに細心の注意を払いながら学会内の活動を行う。

逆に、本章で取り上げる共同研究の事例は、企業の側が、大学の研究者の知識や経験などを**一方的に利用するようなイメージ**である。研究者が厳しい契約交渉をしないため、企業が一方的に研究者に負担を強いるのだ。問題は、こういう事例も共同研究にカウントされ、政策として推進されている点にある。

話を戻そう。

それまでB会社C代表は、いくつかの大学研究者と共同研究を行い、同じ方法で権利を取得（横取り）していたことがわかった。特許公報から明らかになったのは、B会社は、他の大学と共同出願した特許権も有していたことだ。また、研究者が大学の許可を経て単独出願した特許を、後日、似たような方法で取得してもいた。

「それが大学の社会貢献じゃないんですか」とはC代表の弁だ。C代表は、これまで何回も、研究者から無償で権利を横取りしてきた。それに対して、研究者側があまり反論をしなかったから、C代表は大学が一方的に会社に尽くすことが共同研究だと思い込んでいる。

資金も技術もない中小企業が、大学と共同研究をするのは「無償で技術も人も使える」ためだ。だが、これは研究者にとって社会貢献になるだろうか？　学会での共同研究に慣れた研究者が、B会社のような企業と共同研究した場合、研究者は「搾取」されているといえないだろうか？

怪文書の波紋

さて、A講師の勤務する大学では、いったい何が起きたのだろうか。

話は1週間前に遡る。講義の準備で忙しいある朝、A講師の研究室の電話が鳴った。

「総務課ですが、人事部長がお呼びです。すぐにお越しいただけますか？」

「今ですか？　わかりました。はい、すぐ伺います」

A講師は、何か嫌な予感がした。

「理学部のAです。失礼いたします」

「まあ、座ってください」

人事部長は椅子を勧めた。

「実は、学長宛に、こんな手紙が来ました。A先生、何か心当たりはありますか？」

「拝見します」

A講師は、手紙を読んでいくうちに頭に血が上ってくるのがわかった。差出人はB会社C代表である。

〈私はB会社代表取締役のCといいます。貴大学の講師のAは、当社の特許を勝手に自分のものと主張して、あちこちで言いふらしています。なぜそのような人物を講師として雇っておくのですか？　当社の言い分が正しいという証拠もあります〉

事実とは全く異なる手紙が、共同研究をしてきたB会社から届き、A講師はショックと怒りで、顔が真っ赤になった。

しばらくして、ようやく冷静になったA講師は「これは、全く事実無根です。実際の研究はほぼ私がやりましたし、論文はC代表も共著者として入っていますし、特許申請は大学からの許可も頂きました」と言ったが、人事部長は最後まで聞かず、「こんな文書が大学に来るとは大問題ですよ、A先生。事の次第を文書で提出ください。大学でも顧問弁護士に相談します」と冷たく言い放った。

A講師は、ショックと怒りで頭がくらくらしながらも、何とかこれまでの経緯を文書にまとめた。科学的に、いかに自分の貢献が大きいか図示し、努めて冷静に書いた。

だが、大学の顧問弁護士は、科学的な記載を無視して「事実とは異なる」という簡単な回答のみをB会社宛に送った。その回答には納得していないA講師だったが、弁護士名で、大学が正式な回答を出したことで、この件は終わるだろうと思っていた。

科学的に無茶苦茶な主張

しかしその考えは甘かった。２週間後、総務課から厳しい調子で電話がかかってきた。

「A先生ですか？　すぐに総務課に来てください」

「はい」

A講師は急いで総務課に向かった。

「失礼します」

「どうぞ」

A講師が部屋に入ると、学長、理学部長、理事とおぼしき男性、人事部長、ＴＬＯの職員、顧問弁護士らしき人物が、いっせいにこちらを向いた。

「A先生、今度は、B会社が弁護士を立てて、内容証明郵便（どんな内容の郵便を出したか、郵便局が証明してくれる郵便）と普通郵便で、２回も通知書を送ってきました。いったい、どうなっているのですか？」

人事部長が不機嫌そうに言うと、理学部長も「どうしてこんなことになったんですか？」と怒りを押し殺しながら聞いてきた。理学部長は、Ａ講師の昇進の鍵を握る上司である。

Ａ講師は、Ｂ会社からの科学的に矛盾だらけの通知書を読みながら、必死で反論した。しかし、科学に疎い理事は、聞く耳を持たずに「こんなことは、当大学始まって以来の不祥事です。どう責任を取るのですか？」と言う。

「Ｂ会社は、元々本学ＴＬＯから斡旋された企業です。それで私は、一生懸命研究をして成果を上げてきたのです。そうですよね？」

Ａ講師は、ＴＬＯの責任者の方を見て同意を求めた。

しかし民間企業出身のＴＬＯ責任者は「具体的な研究内容は、ＴＬＯでは承知しておりません。むしろ『Ｂ会社様』にご迷惑をかけたとしたら、今後の産学交流にとって大問題です」と他人事《ひとごと》のように言う。

この責任者は、自学出身で博士号を持ち、長年企業の研究所に所属したあと、ＴＬＯに赴任した。ＴＬＯは、通常、大学全体の産学交流の促進が目的で、共同研究の数を重視する。

個別のケースは関与しないし、特に社会的に注目を集める研究でもなければ興味もない。彼は民間企業で営業もやっていたせいか、「共同研究企業が顧客で、研究者は従業員」という意識を持っていた。なので、悪びれた様子はない。

Ａ講師は、大学のＴＬＯが自学の研究者を信用せず、無茶苦茶な言い分のＢ会社を重視していることにショックを受けた。おまけに大学の顧問弁護士は、科学的な説明をしても理解しない。ＴＬＯは産学交流を進める組織で、**自校の研究者を守るわけではない**ことを、Ａ講師は初めて理解した。

Ａ講師が、Ｂ会社から送られてきた文書を見直すと、「特許申請の前提となった理論は、全てＢ会社Ｃ代表等が発明したものである」などと、事実と異なることが書いてある。科学的には誤りが多いが、素人にはどこが誤りかわからない。

Ａ講師は、科学的な反論文を書くことを約束し、その場を退席した。それまでは若手の有能な研究者であり、学内でも一目置かれていたが、周りの視線が一変したようだった。同じ科学者であるはずの同僚も、疑いの目を向けてきた。今までマスコミに取り上げられてきた彼に対する嫉妬があったのだろう。Ａ講師は窮地に追い込まれた。

大企業からの電話

数日後、さらにショックな事件が起きた。突然、別の共同研究先の大企業から電話があり、「共同研究をやめる」と言う。

事態がのみ込めないA講師は「本研究は成果も上がっていたし、『有望な研究』であると、役員の方々もおっしゃっていましたが……」と反論したが、その大企業の研究部長は「B会社代理人弁護士から通知が来て、『うちの会社が、B会社の技術を勝手に使っているんじゃないか』という文書が届いたんですよ。担当役員は怒って、『そんな怪しげな研究者との共同研究なんかやめてしまえ』ということになっています。あなたのおかげで、私の地位も危ないんですよ！」と捲《まく》し立てて、一方的に電話を切った。まるで犯罪者扱いである。

「この間までは、役員だって『A先生の発明を頼りにしてますよ』なんて言っていたじゃないか！」

A講師は独りごちた。そして、あまりに変わり身の早い、大企業の研究部長の態度に驚きながら、ようやく事情を理解した。**自分の味方は誰もいない**、ということに。利用するだけ利用しておきながら、自分の言い分を信じ、守ってくれる人は、共同研究先の企業や大学にはいない。自分の身は自分で守るしかない。このままでは、「特許権を侵害した」という汚名を着せられ、大学を解雇されるか辞職させられてしまう……。

共同研究をめぐるミスマッチ

第２章でも触れるが、ここで研究者と特許権の問題を整理しておこう。

理系の大学教員（研究者）の業績評価として重視されるのは、論文数、それらの論文からの引用数（その論文がどれだけ他の論文に引用されたか）、単著の数などと並んで、特許権の数がある。特許権とは、「新たな発明を創作した者に与えられる独占権」のことだ。特許権を得るためには、特許庁長官に対して特許出願を行い、特許査定を経て、設定の登録が必要だ。加えて最近は、共同研究を何件行ったか、いくら研究費を取ってきたかなども評価の対象となる。

本章では、特許の問題を取り上げているが、その背景には、研究者と企業の間での特許に対する認識の違いがある。一般に特許は、「千三つ」——千のうち三つしか価値があるものはない、などといわれる。特許権は出願するにも、維持するにも費用がかかる。個人でそれを負担するのは難しい上、製品化はさらに困難だ。つまり、実用化され、経済的な利益を生むような特許は多くない。研究者は、自らの特許は、学問的にも経済的にも重要だと思っているが、企業は経済的観点から、価値を生まない特許は意味がないと考える。両者の間には、こうした認識のずれがある。

すなわち、大学と企業の共同研究では、その成果が論文や特許に結びつくことは多いが、実用化となると話は別だ。特許の出願費用も、数十万から百数十万に及び、研究費の少ない大学の研究者にとっては大きな負担となる。研究者としては実験にかかる経費や交通費などを企業に負担してもらいたいが、よほど有望な研究でなければ、企業は相手にしない。ビジネスベースで共同研究をとらえ、投資と同様に見返りを重視するからだ。特に大企業にはいくらでも研究費があると考える研究者は多いが、それは理解不足である。

また中小企業は、多くの場合、資金がない上に人材も乏しいため、逆に大学の経費や設備・人材をあてにする。さらにB会社のように、産学交流を悪用した事例も少なくない。だから性善説に基づく研究者が、B会社のような会社と共同研究を始めると、本件のような問題が起きる。

B会社C代表からすると、いうことをきかないA講師は、「社会貢献を理解しない悪者」だ。長年の産学交流での経験から、C代表は、「大学は、一方的に会社に貢献するのがその務めだ」と考えている。B会社は、目の前に利益がぶら下がっている(その特許が利益を生む）と思い込み、なりふり構わず、権利独占を求めたわけだ。いいかえると、大学は利益を目的としていないのだから、そこから生じる利益は会社のものだという発想である。

こうした事情があり、Ａ講師は私のところに来た。大学の事情も知っている弁護士に依頼するためである。もちろん自腹だ。

普通の弁護士はこうした産学交流の背景を知らないから、大学の顧問弁護士のような対応となる。契約に基づいて特許の帰属を決めるという処理の仕方だ。

しかしそれでは、Ａ講師の状況は好転しない。では、どうすればいいのだろうか？

処分禁止の仮処分

まず重要なのは、Ａ講師の勤務先などに、手紙が来ないようにすることだ。そのためには、Ｂ会社に手紙を出すことを禁止する仮処分という裁判が有効だ。仮処分とは、民事保全法という法律に基づき、裁判所が決定する暫定的な（仮の）措置のことだ。

本件では、Ｂ会社に対して、大学などに手紙を出さないことを求める。このままではＡ講師の立場が危うくなるので、怪しげな手紙を規制して、その地位を保全することが目的だ。

この手続きは、割と身近にある。たとえば、企業からいきなり内定取り消しをされた大学生が、内定者の地位の保全を求める場合に使われたりする。

この裁判は、普通の裁判と違い、短期間で結論が出る。通常の裁判は、だいたい月に１度の手続きによって進んでいくが、仮処分は週に１度くらいのペースだ。ちなみに仮処分の場合、Ａ講師は原告ではなく債権者、Ｂ会社は被告ではなく債務者と呼ばれる。

Ａ講師は、仮処分の申請を行った。Ｂ会社がでたらめな通知を出すことで、どれだけ自分の立場が大学内で悪化したか、繰り返し裁判で訴えた。仮処分手続では、保全の必要性、つまり「緊急性」と「明白性」の要件（事実を法律にあてはめる際の形式）が重要だ。

他方、Ｂ会社は、目の前の利益を取られまいと、推測に基づき反論した。具体的な証拠を持っていなかったからだ。

Ａ講師とＢ会社は、裁判所では激しいやりとりを繰り返した。数回の厳しい裁判の末、Ａ講師の主張が認められた。プライバシー保護のため、「Ｂ会社は、Ａ講師の大学、関連先に、手紙など一切の接触をしない」ことを命じる「決定」が出たことだけを記しておく。

本来、理系の研究者全員がこのような事情をよく理解し、公平な契約を締結して、共同研究を進めるべきだ。しかし大学の研究者は契約実務に慣れておらず、企業側が準備した契約書で、そのまま契約を結ぶことが多い。共同研究の数も、研究者や大学の業績にカウントされるからだ。

何事もなければよいが、多くの場合、契約は、研究者に有利な内容にはなっていない。問題が起きても、誰も味方はいないため、研究者は泣き寝入りするしかない。**「優れた研究者」には「マネージャーと（大学の事情に精通した）弁護士」が必要だ、**というのが私の持論だが、それはこのような事情があるからだ。

そもそも象牙の塔といわれてきた大学で、産学交流が推進されはじめたのはいつからだろうか？　具体的に振り返ってみよう。

産学交流はいつから始まった？

戦後から産学交流という言葉はあったが、本格的に進められはじめたのは１９９０年代である。欧米で特許保護の政策がとられていたので、わが国でも産学官連携（経済界、大学、官僚が協調すること）と知的財産の活用による経済振興が重視され、１９９５年に「科学技術基本法」が制定された。続いて１９９８年に通称「大学等技術移転促進法」（ＴＬＯ法と呼ばれる）が制定され、大学の技術や研究成果を民間企業へ移転する活動を国が支援することとなった。

それが急激に進展したのは、２００２年、小泉純一郎内閣においてである。アメリカ・シリコンバレーの「知的クラスター」（公的研究機関等を核とし、地域内外から企業等も参画して構成される技術革新システム）にならい、日本でも産学官交流（大学や政府、地方公共団体含めた産学交流）を推進する政策が実行された。

その一環として、当時の遠山文科大臣は「大学を起点とする日本経済活性化のための構造改革プラン」を策定し、シリコンバレーを例に、日本でも「知的クラスター」を全国10ヶ所以上創ることとし、大学発の新産業創出を図る」とした。その際、大学発ベンチャーの育成、産学官交流のための支援体制の整備（ＴＬＯなど）などが提言されたのである。

本書のテーマは、ほぼここから始まったといえる。

これらの政策をいいかえると、「**これから大学の予算を減らすから、産業界と交流し、自らの研究を基に共同研究を行い、自ら研究費を獲得しなさい**」となる。その結果、新しい産業が興り、それによって経済発展や地方創生を図ろう、という狙いだ。この政策実現のため、国は大型の補助金やプロジェクトを創設し、産学官の交流が本格的に始まった。

なお、この資金は、第３章で取り上げる大学発ベンチャー企業への助成にも一部あてられている。

さらに２００３年に国立大学法人法、２００６年に新教育基本法が定められ、研究成果の「社会還元」が大学の使命の一つとされた。そこから、特許などの知的財産を活用した産学交流が活性化した、とされる。そのとき国立大学に在籍していた私も、この変化は肌で感じていた。

しかしこの制度は、**現場での理解や準備が不完全なまま進み、研究者の側に一方的に負担が生じている。**ここまで説明してきたように、研究者が共同研究先企業と直接交渉することにより、いろいろなトラブルが発生しているのだ。

同時期に始まった政策は？

この時期の改革は、「骨太の方針」（２００１年から２０１９年まで、毎年同じ名称の方針が発表されているが〈民主党政権期を除く〉、ここで言及するのは２００２年のもの）の一つとされ、すこぶる評判が悪い。

たとえば、そのときに行われたタクシー業界の規制緩和は、運転手の評判は最悪だ。規制緩和でタクシーの台数が増えすぎて、収入が大幅に減ったからだ。

同時期に提言された、これまた評判の悪い政策に「司法制度改革」がある。「はじめに」でも書いたが、私自身にも関わりが深い話なので、少しだけ触れておこう。

2004年に開学した法科大学院は、閉校が続いている。裁判員は、辞退率が上昇の一途をたどっている。法曹（弁護士などの法律専門家）のニーズが増えるという前提の改革だったが、増えなかった。その結果、司法試験に合格しても、就職できない弁護士、さらに司法試験に合格したが、弁護士登録すらできない者もいる。

司法制度改革は、産学交流の促進と同じく、日本政府がアメリカの要望を受けて始まった改革ともいえるが、果たして何のための改革だったのか、よく考えてみるべきだ。これらの事例は、わが国の事情を考えず、いたずらに外国の制度を導入するリスクを示している。

この点は、第3章でまた説明する。

話を元に戻そう。

産学交流は、1990年代から本格的に始まった。大学にも競争が必要だということで、「研究費は自分で取ってこい」ということになった。これがいいことかどうかは、本書では論じない。本書のテーマは、あくまで産学交流が研究者にとってプラスになっているか、だからだ。

産学共同研究は、企業と大学の間で、秘密保持契約（お互いに、契約上、知った事項は、他に漏らさないという契約。NDAといわれる）から始まり、共同研究契約、成果が出たら共同特許出願契約、そして特許申請へと続く。

契約の問題点は、次章で説明するが、ここでは共同特許出願契約と特許の問題に焦点を絞る。

2、発明とその証明

ここで取り上げる事件は、1とは別のものだが、ストーリーとして理解しやすいように、A講師に再び登場いただこう。

1では、特許申請をめぐる共同研究企業と研究者の交渉トラブルを説明した。この2では、特許に関し「誰が発明者か争われた紛争」を見ていく。

特許権をめぐる新たな裁判

勤務先等に「手紙を出すなという仮処分決定」で事なきを得たＡ講師だが、その平穏は長くは続かなかった。ある日、Ａ講師のマンションに、裁判所から大きな特別送達（裁判所から届く裁判の訴状などを入れた郵便）が届いた。それは、Ａ講師を被告とするＢ会社からの訴状（裁判を開始する書面）だった。「特許を受ける権利の確認訴訟」とある。つまり、「共同出願した特許は、全てＢ会社の役職員が発明したものであり、Ａ講師は何も貢献していないことを認めてください」という内容の訴状だ。

Ｂ会社Ｃ代表は、特許を独占し、自社製品の利益を独占するため、仮処分にもめげず、また裁判を起こしたのである。その主張内容は「プラスチック製造機器に関する発明は全て自社で行い、特許権は１００％自分にある」というものだ。

本件の特許出願は、大学の許可を得て（大学は自らの特許出願をせずに）、Ａ講師個人が、Ｂ会社と共同出願人になっている。特許出願料は全てＢ会社が出しており、Ａ講師の経済的負担はない。実はこの件、Ｂ会社から大学のＴＬＯに対して、Ａ講師個人を出願人とするように（大学では承継しないという決定を出すように）という働きかけがあったのだ。その狙いは、権利独占だった。Ｃ代表は、「特許は自分のもの」という意識があったので、出願料を全てB会社から出したのだ。

裁判の被告

A講師は、自分が裁判の被告になったことに大きなショックを受けながら、しかし冷静に私のところへ相談に来た。

「山田先生、こんな書類が届きました」

裁判所からの訴状だ。

前回の裁判手続を経験しているせいか、また勤め先に怪文書が来るという緊急性がないせいか、A講師は前より落ち着いている。

「これは訴状ですね。B会社が、今回の特許出願は全て自分の発明であると主張しており、その確認を求める訴えです」

「負けるとどうなるのですか？」

「負けると、今回の特許出願（特許査定を経て登録設定されると、特許出願が特許権となる）が、B会社のものになります」

「なぜB会社は、こんな裁判をするのでしょうか」

「おそらく、この特許を製品化して、利益を独占するためでしょう」

「私は、特許は社会貢献だと思っているので、それについては特に問題はないのですが、他に影響はありますか」

「おそらく、もしＡ先生が負けると、Ｂ会社はマスコミなどを使い、先生が何も発明に貢献していない、発明を横取りしようとしたなどと誹謗中傷をするでしょう」

「それは困りました。また大学で噂が立つと、大学にいられません」

「承知しました。裁判を受けて立つしかありませんね」

ということで、Ａ講師はまた、裁判に巻き込まれてしまった。もちろん大学は裁判費用など出してくれない。自腹だ。それどころか、Ｂ会社の言い分が認められれば、大学を退職しなければならないだろう。

「たびたび申し訳ありません。大学には報告しておきますので、何とかよろしくお願いいたします」

「承知しました。最善を尽くします」

「大学のＴＬＯの斡旋でＢ会社と共同研究をして、頑張って成果を出したのに、また裁判か……」

Ａ講師は、ため息をついた。ＴＬＯは斡旋するだけで、代わりに交渉する代理人ではない。この件では、ＴＬＯは、むしろクライアントとしてＢ会社の言い分を聞いている。Ａ講師は、この制度の矛盾をつくづく感じた。

アイデアを出していない人が発明者?

この裁判は、Ａ講師とＢ会社が共同で出願した特許について、誰が発明者であるかを裁判官に認めてもらうのが目的だ。

科学者のＡ講師と、専門家がいないＢ会社が共同研究で発明をした場合、学会の常識では「誰が発明者か」は明らかだ。しかし実際、発明者は特許出願の際の契約で決まる。つまり、契約時の話し合いで発明者を決めるのだ。今回は、Ａ講師とともに、Ｂ会社Ｃ代表、Ｂ会社の技術者が発明者に名を連ねた。Ｂ会社の技術者は、博士号を持っている研究コーディネーターだが、アイデアはＡ講師のものだ。

Ａ講師は、遠慮して共同発明としたのだが、ビジネスの世界は学会のようにはいかない。契約で、発明者がＡ講師とＢ会社の技術者となっていれば、裁判はそれに従って判断される。弁護士は契約書に従って事件を処理したがると前に書いたが、それも同じことだ。

この裁判は、簡単にいうと「共同出願されている特許申請について、Aさんは発明者でないので、出願人から外して、B会社の単独の特許と認めてくれ」というものだ。

大学と企業が共同研究を行い、研究成果が出たら特許出願をする。その際、「発明者の認定」が問題となるのは、次の三つの場合だ。

①職務発明（職場での発明）について「相当の対価」（あとで説明する）の請求がなされる場合

②別の名義で出願された事例で、真の権利者が出願人の名義変更を申請する場合（誰が真の権利者か決める場合）※本書の事例は、形式上これに当たるが、実際には何も発明していないB会社がA講師の特許を横取りしようとしている。

③発明者の名誉権（これは自分の発明だという名誉）の侵害に対して賠償を求める場合

この中で、特に問題となるのは②だ。「誰が発明者か」という点が争われ、最終的に判断されるからだ。しかし過去の裁判で、確実な基準（これを立証すれば勝てるという具体的な要件――どのようなアイデアをどう出してどのように出願に落とし込んだかという基準）は示されていない。さらに実務上、どうすれば確実に発明者と認められるかという方法も確立していない。過去の裁判例が少ないこともあり、これらの点に関して、明確な方法が確立されていないのだ。

それでは、A講師が発明者であることをどう証明すればいいのだろうか。

発明者とは誰か？

発明者とは、「真に発明をなした自然人（体を持つ人間のこと。ロボットや会社ではない）であり、当該発明について具体的技術手段を完成させた者」とされる（中山信弘『特許法第3版』43ページ）。

具体的には、①新たな着想（ある物事を遂行するための工夫、新たな考え）を得たもの、または②その着想について具体的な解決手段を見いだしたもの、のどちらかだ。

ただし①については、単なる思いつきや、「問題を解決する必要性がある」などという問題提起、「課題を含む研究テーマの設定」だけではだめだ。発明者として認めてもらうためには、「具体的な解決手段の方向性を示唆しうるような一定の技術的着想」が必要となる。

過去の裁判で、「誰の発想か」が争われた例がある。

修士論文の指導教授が、「テーマ設定を指導し、実験のやり方を示してから退職した。その後新たな教員が実験を指示し、院生が完成させた」というケースだ（「高知大学事件」知財高裁、平成20年〈２００８年〉５月29日）。元指導教授は「自分が発明者だ」として裁判を起こしたが、最終的に裁判所は、どちらの着想に「技術的思想の特徴的部分が含まれている」かが重要だとした。抽象的ではあるが、これが「発明者認定基準」となった。この事例では、テーマ設定とやり方の指示だけでは、具体的解決手段の方向性を示したことにならないとして、元教授の訴えは認められなかった。

結局、その発明の特徴的部分の創作に関与したか否かを、個別に判断して決めるしかない。裁判では、発明者とは、その発明について「具体的な技術手段を完成させた者」を指し、単なる補助者、助言者、資金の提供者、あるいは命令を下しただけの者は発明者ではない、ということになる。

共同研究の企業や他の研究者が、ある研究者を「発明者ではない」と訴えた場合、裁判の勝敗は、特許権の帰属だけでなく、その研究者の名誉や研究者としての将来にも関わってくる。研究者は研究のプロだから、実際に「その発明は研究者によるものではない」と判断された場合、研究者として活動はできなくなるだろう。

ちなみに裁判では、原告側（本件では、自分が発明者であると主張する方）が立証に成功しないと負ける。研究では、「みんなわかってくれる」という甘い期待ではなく、中立的な裁判官をも説得できる証拠を残しておくことが、自分の身を守ることにつながる（本件は研究者が被告だが）。

登山でも、登頂に成功したか否かを判断するとき、頂上で撮影した写真が重要になる。裁判でも、頂上での写真のようなしっかりとした証拠が必要だ。実験結果がねつ造か否かが争点となるような場合は、画像や映像なども証拠となる。だから日頃から、実験の様子をきちんと撮っておくべきだ。自分の身は自分で守るしかない。

裁判での証明——実験ノートの重要性

A講師とB会社の裁判が始まった。仮処分手続とは異なり、裁判のペースはひと月かふた月に一度ほどの頻度となる。A講師は、まず訴状に対する答弁書（被告が最初に出す書面）を準備する。そうしないと、裁判に負けてしまう。

もちろん裁判所に提出する書面は、最終的に弁護士が作成するが、訴状に対する主張の認否（相手方の主張が正しいか、誤っているか、一つ一つ明らかにすること）は、基本的にはＡ講師が行う。Ａ講師は、もっと反論したかったが、裁判では形式的な手続が多いので、いいたいこともいえない。

そんな状況の中、Ａ講師は苛立ちと不安が隠せない。

（このまま、相手のペースで裁判が終わるのではないか……）

当事者にならないと裁判のプレッシャーはわからない。Ａ講師は、よく眠れない日が続いた。

裁判が進むにつれ、少し様相が変わってきた。

Ａ講師は、被告（本人）だが、裁判には出席しなくてよい。代わりに弁護士が出るからだ。Ａ講師は、弁護士が作成した期日報告書（裁判の期日に裁判所で行われた手続を簡略にまとめた報告書）を読んで、裁判の状況を知る。

様相が変わったのは、裁判の論点が変化したからだ。契約や出願手続の話から「誰がどうやって発明したか」に論点が移っていったのだ。

裁判官は、「誰が発明をしたか」について主張するように、と指示してきた。

「この技術は、どのようにして発見したのですか？」

「この実験の目的は何ですか？」

「この技術は再現可能ですか？　いつその方法が確認されたのですか？　なぜそのような現象が起きるのですか？」

つまり実験室で何が起きたか、誰がそのアイデアを出して検証したか、その結果から何が推論されたか、といったことを聞いているのだ。

Ａ講師は、この過程で、実験の目的設定や推論、理論的な検証などは全て研究者である自分が行ったことに気がついた。発明者は自分であり、自分の貢献がなければ、発明は完成しなかったはずだ。

この裁判に関わっている人々――Ｃ代表、弁護士、裁判官を含め、Ａ講師以外に専門家はいない。だから、Ａ講師がするべきなのは、科学の素人に、自分の発明や技術的手段をわかりやすく説明し、自分の貢献なくしてはそれが不可能であったことを証明することだ。

まず、難解な科学理論については、中学生にもわかるように説明する。そして、技術が自分の発見であることを証明するのは「実験ノート」だ。Ａ講師は、学部４年生から研究室に入り、「実験ノート」の書き方を指導教員からたたき込まれてきた。最近の学生からすると、細かい、うんざりするような指導だっただろうが、当時は当たり前だった。

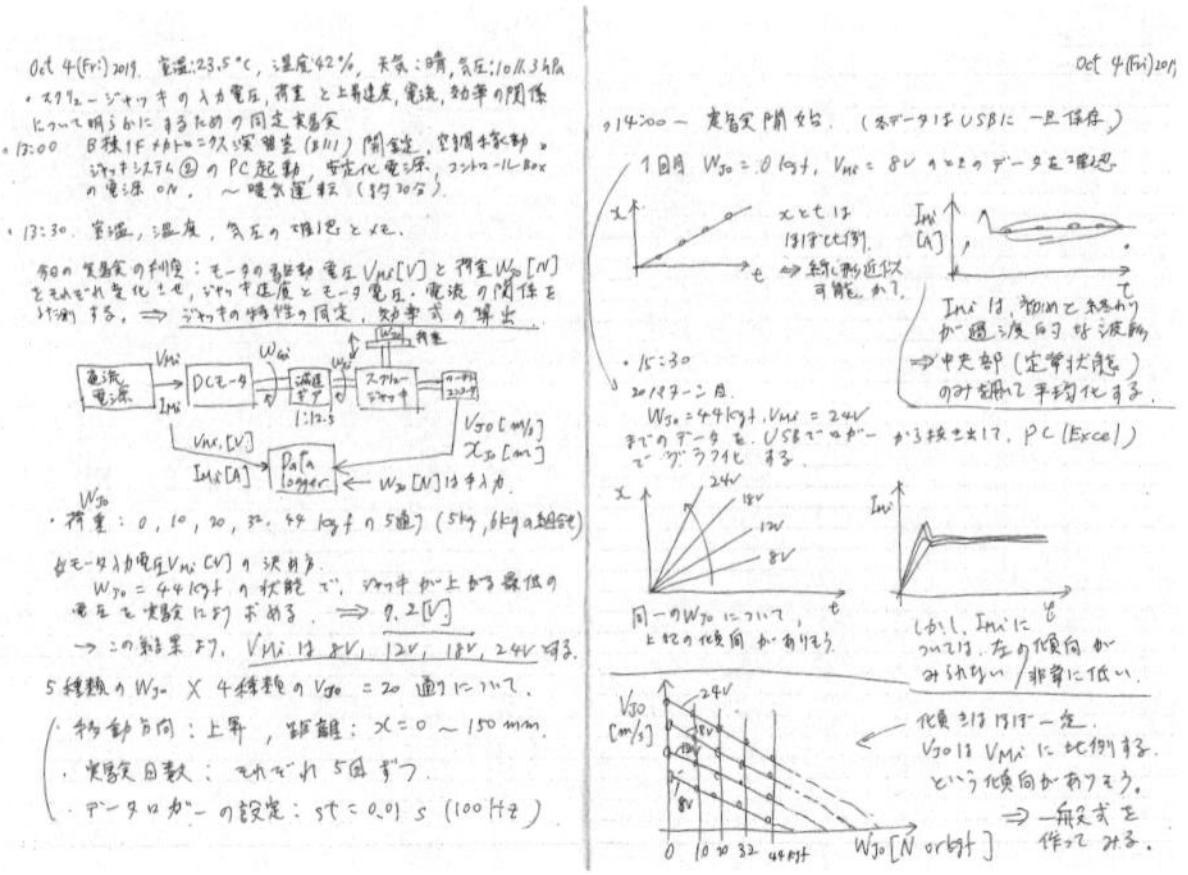

実験ノートの例

A講師は、共同研究当時の「実験ノート」を取り出した。

「山田先生、これは役に立ちますか？」

「これは何ですか？」

「実験ノートです。理系の研究者は、実験のときにしっかり記録を取りなさいと教わります」

「拝見します」

……本物の研究者恐るべし。これは完璧な証拠である。私は文系なので、実験ノートを見たこともつけたこともなかった。

　実験ノートとは、プロトコル（同じ実験を行うための手順）に則《のっと》って行われた実験のプロセスと結果を記録するものである。実験ノートには、実験タイトル、日付・天候、実験者氏名、実験の概要・背景、プロトコル、観測結果、気づいたこと、測定データが、時系列順に記載される。これは、客観性のある証拠となる。同じ研究室の上司や同僚などから確認印をもらうとさらによい（第３章参照）。

実験の再現性については、動画を用意しておくことも効果的だが、デジタルデータの記録を改ざんできないようにしておく必要がある。複製が可能だと、証拠として認められないこともあり得るからだ。

実験ノートは自分の身を守る。それがわかれば、上からやらされるのが嫌いな学生たちも、面倒がらずに実験ノートをつけてくれるのではないだろうか……。

さて、Ａ講師の実験ノートを、被告主張の証拠として、番号（被告なので、乙〇〇号証となる）を付けて裁判所に提出する。この実験ノートには、途中まで、Ｂ会社の従業員やＣ代表自身の印鑑が押されていた。右側に「日付・天候、実験の概要、背景など」が記載されている。

裁判で、証拠を採用するのは裁判官だ。実験ノートには、いつ誰がこのアイデアを思いつき、どのようにして技術または手段を完成させたかが詳しく記録されており、重要な証拠として認めてくれた。

さらにA講師は、実験の一部を動画にも撮っていた。動画の証拠としての効力には多少の疑問もあるとされているが（複製したものか元データかの区別が難しいため。署名があれば、真正に作成されたと推定されるので、紙の証拠の方が価値は高い）、データファイルに作成日が記載されていて、誰が撮影したか特定できれば、かなり強力な証拠となる。

科学では再現性が重要だが、裁判では、極論すれば一度でも何らかの発見があれば、それが証拠となる。

実際に誰が発明したかを証明する

「A先生、これはすごいですね。ほぼ完璧な証拠ですね」

「え、そうなんですか？　実験ノートは科学者ならば誰でもつけるものですが、裁判でも有効なのですね」

「ええ、その通りです。おまけにC代表の印鑑まで押してある。これでもC代表はシラをきるのですね」

研究者同士の共同研究と違い、企業と大学の研究者との共同研究は、研究者と補助者、または研究者と資金提供者（中小企業の場合には資金も出さないことが多い）の間で行われることが多い。C代表はもちろん研究者ではなく、経営者だ。

「なるほど、本件は、研究者と経営者または会社員の争いで、発明の過程を深く追究すれば、科学の話になって、C代表は回答できませんね」

「そう思います。知恵を付けているのは弁理士だと思いますが、理論はわかっていません」

とA講師。裁判の突破口が見えてきた。

「それでは、C代表が、自分が発明者と言い張るなら、発明の過程を科学的に説明してもらいましょう。裁判には、求釈明（どのようにして発明したか説明を求めること）という手続があります。それをしてみましょう」

「山田先生、よろしくお願いします」

A講師に尋ねた。

「でも、それではどうやって、C代表も発明者となったのでしょうか？」

「本件では契約によってです。なんとなく話し合いで決まる場合もあります」

「話し合いですか？　発明は事実的な行為であり、当事者の合意や契約などの法律的な行為ではないですが……」

「はあ、よくわかりませんが、大学ではスタッフがいないので、B会社が準備した契約書に判を押しました。そこには私とC代表、そして他の技術者が発明者と書かれています」

「そんなものでいいのですか？」

「他の企業との共同研究でもそうですし、これが普通ではないのですか？」

「特許法の理論ではありえませんが……」

「C代表は、最初『A先生のおかげですわ。共有名義にしておきますから。わははは』なんて言っていました。学会でも、お世話になった方や共同研究企業の担当者も発明者となることが多いので、今回もそのようにしたのですが……」

「この技術が利益を生みそうなので、C代表は惜しくなったのですね。すぐに売却したいのでしょう。売り時が大事ですから」

なるほど、発明者は実際に発明した人がなるだけでなく、契約やその他の合意（新谷・菊本の２００６年の研究によると、代表者が〈なかば強引に〉調整したり、当事者に一任したりして発明者が決まる例が70%程度あるという）により決定される。特許出願契約の中で、実際の発明者が出願人とされていれば問題はない。しかし本件では、実際の状況（誰が発明をしたか）と契約書が異なるのが問題だ。

従って本件では、共同特許出願契約によらず、実際に誰が発明したか（技術的着想を得たか）を証明することが重要なのだ。この事件の背景が理解できただろうか？

特許といっても、前述の「千三つ」の言葉通り、なかなか商品化には結びつかない。また、出願や維持にも費用がかかるので、研究者は共同研究企業の担当者や他の研究者と共同で出願したいと考える。その費用を企業に負担してもらったり、研究者同士で分担したりするためだ。

しかし、発明とは「具体的な技術手段を完成させたもの」だ。実際に実験を行って仮説を証明し、理論を組み立てた者が発明者だ。

今回の特許についていうと、最初、B会社はA講師との共同発明として出願した。儲かりそうな発明だったので、後日A講師に出願を放棄させる予定だったが、A講師が断ったため、このままでは儲けることができないと焦ったB会社は裁判を起こした。

大学研究者であるA講師が、B会社の無茶な要求に対応できるはずはない。A講師は大学が守ってくれると思っていたが、システム的に無理であるどころか、共同研究先企業とトラブルを起こしたとして、懲戒処分（大学から退職や厳重注意などの処分を受けること）の対象となってしまった。

緊張感あふれる尋問手続

その後、裁判は淡々と進み、A講師の主張が次第に裁判官に受け入れられていった。裁判では、事実の認定や証拠の評価について、裁判官が大きな権限を持つ。民事裁判では、何より証拠が重要だ。被告であるA講師は、実験ノートに基づいて主張を行い、それを証拠として提出した。原告であるB会社C代表の主張は次第に論理性を失い、断片的な反論とならざるを得なかった。

あるとき、裁判官が両者の弁護士に告げた。

「だいたい主張立証は、尽くしたと思いますが、いかがですか?」

原告は、

「おっしゃる通りです」

被告も、

「概ね主張しました」

「では、尋問の期日は、○○とします」

「承知しました」

「ご指示の通り」

ということで、次回の法廷は、A講師とB会社C代表の尋問になることが決まった。

尋問とは裁判の証明手続の一つで、原告または被告本人や証人などが実際に出廷し、裁判官の前で弁護士の質問に答えるものだ。テレビドラマなどでもおなじみの場面だろう。

証人等の話を裁判官が目の前で聞いて、事件の心証（裁判官の事件に対する確信）を決める。ただ、民事裁判の尋問は見学してもあまり面白くない（?・）。法廷で居眠りしている人をよく見かける。とはいえ、傍聴席から見ていて、唯一見応えがある手続が尋問だ。尋問は、法廷で原告（今回はB会社C代表）と被告（今回はA講師）が顔を合わせる手続である。なので、ハプニングが起きることもしばしばあるのだ。

尋問当日、法廷は始まる前から緊張感に包まれている。

C代表が法廷に入ってきた。見た目はにこにこしているが、A講師を見て、一瞬恐ろしい形相となった。欲に駆られた顔は怖い。A講師は怯《ひる》みながらも、C代表にいろいろ迷惑を被っていることを思い出し、じっと見返していた。

「起立」

裁判官が法廷に入ってくるときには「起立」と声が掛かる。黒い法服（マントみたいな黒い服）に身を包んだ裁判官が入ってきて、尋問が始まった。

最初はC代表の尋問だ。C代表が証言席に着くと、裁判官が住所氏名を確認する。その後、法廷にいる全員が立ち上がり、C代表が宣誓書を読み上げる。

「宣誓。良心に従い、真実を述べ、何事も隠さず、偽りを述べないことを誓います」

着席。裁判官から証人に対し、嘘をついた場合には「偽証罪という犯罪になりますよ」という注意がある。まあ、民事裁判は、嘘つき合戦だという指摘もあるが……。

1時間半ほどで、ほぼ予定通りに尋問は終わった。内容の詳細は守秘義務上、書けない。ただ、私が体験した中でもっとも激しい尋問だったとだけ書いておこう。

その後、裁判官による和解の斡旋（裁判所から和解案が出て、和解の交渉が進められる）もあったが成功せず、判決を迎えることになった。

約2カ月後、原告B会社の請求棄却（原告の主張が認められず、A講師の勝訴）の判決が出された。

これにより、大学内でA講師を批判する声は、表向きなくなった。もっとも、大学にとって共同研究先の数が一つ減ったので、面白くない人はいるだろう。

しかし、**自分の名誉は自分で守るしかない**。これがＡ講師が学んだ教訓だ。

Ａ講師は、Ｂ会社との交渉トラブル、さらには特許をめぐる裁判と、共同研究において大きな災難に見舞われた。特許をめぐる裁判では「発明者は誰か、誰が発明に貢献したか」が論点となった。最後にＡ講師を守ったのは、実験ノートだった。否応なしに産学交流の最前線に立たされている研究者にとって重要なのは、自分の身は自分で守ること。そのための客観的な証拠を、常に準備しておくことである。その一つが実験ノートなのだ。

３、研究者と職務発明

「大学やから、ただやろ?!」

本章では、「共同研究と特許」の問題を取り上げた。二つの事例は、学会の常識を持つ研究者と、ビジネスの常識で交渉する企業の間で起きた特許をめぐるトラブルだった（Ｂ会社はあまりに露骨すぎたが）。トラブルの根本原因は、研究者と企業というそれぞれの当事者の姿勢の違いが理解されないまま、共同研究の制度が進んでいることによる。

つい最近、こんな事例を見聞した。

ある高名な、魚の養殖が専門の研究者のもとには、共同研究や事業の誘いが引きも切らず訪れる。公的機関から中小企業まで、さまざまな依頼が舞い込むそうだ。ただ、中小企業の中には「わが社にも儲けさせてくれや。大学やから、ただやろ」というストレートな依頼もあり、研究者自身が全てに対応するのは困難だ。そこで大学では、広報に専用窓口を設け、特許は別会社で管理するようにしたという。本来、このような対応が最低限必要だろう。このような仕組みが浸透していない現状では、研究者の立場は厳しい。

特許と職務発明

さらに特許権については、大学と研究者の間にも問題がある。

研究者が、大学から給料をもらいながら、大学の施設を使って発明をした。これを「職務発明」というが、この特許は誰のものになるのか？　大学での発明は特許法35条の「職務発明」にあたる。そして「職務発明」の取り扱いは、大学ごとの「職務発明規程（マニュアル）」によって定められている。実務ではこれが重要だ。

職務発明制度は、２０１５年に大きな変更がなされた。その背景にあった有名な裁判を見てみよう。

青色発光ダイオード事件

特許による利益が勤務先のものか、個人のものかについて、研究者とその研究者が所属する企業が争うことがある。もっとも有名なのは、ノーベル賞を受賞した中村修二教授と、元の勤務先である日亜化学工業が争った裁判だ。青色発光ダイオード（以下、青色ＬＥＤとする）に関する特許について、その帰属と、譲渡における「相当の対価」がいくらになるかが争われた。

中村氏は、青色ＬＥＤ製造に対する本特許の貢献度は１００％と主張したが、日亜化学工業は、貢献度はそれほどではなく、特許も利益を生み出していないと反論した。

一審の東京地方裁判所は２００４年１月、特許を受ける権利につき、中村氏の貢献度を50％として、発明の相当対価を６０４億円と認定、その一部、約２００億円の支払いを命じた。二審の東京高等裁判所では、裁判所が和解勧告を出し、２００５年１月に会社側、中村氏ともに、それを受け入れて訴訟が終了した。和解額は約6億円（実際にはこれに遅延損害金の２億４０００万円が付く）だったが、中村氏は不満で、「日本の司法は腐っている」旨の発言を残している。

この事件が一つの契機となり、２０１５年に特許法の職務発明制度に関する法律（35条）が改正された。地裁での第一審判決の巨額賠償に、産業界が危機感を持ったためだ。それほどこの事件のインパクトは大きかったのである。

この改正により、会社が予《あらかじ》め就業規則に「職務発明は会社に帰属する」と書いておけば、特許は会社のものとなる。しかし、そのような規定がないと、会社は特許を使えないと反対解釈される恐れがある。それでは会社は困るので、会社には無償かつ全範囲の「通常実施権（特許を使う権利）」が発生することになった。

このように職務発明は、原則として、予め規定があれば、企業の特許になるか、特許がなくても（従業員の特許となっても）通常実施権が設定されることになっていて、結果として、企業が使えるように調整された。

大学と職務発明

A講師の「職務発明」について、問題点を確認しよう。

特許法35条の改正により、「大学内部の発明規程などで、大学などに特許を受ける権利を取得させる」とした場合、特許を受ける権利は、発生したときから使用者（大学等）に帰属する。その場合、発明をした従業員は、相当の利益を受けることができる。これが、青色ＬＥＤ事件で出てきた「相当の対価」だ。

　大学教員であるＡ講師は、大学の従業員として、大学の「職務発明規程」に従う。規程の条文は「第○○条　権利の帰属　大学は、大学の従業員の発明を承継する。ただし大学がその必要がないと判断したときは、承継しない」というような文面であることが多い。

　Ａ講師の事例は、Ｂ会社との関係を強化したいというＴＬＯの思惑により、大学が特許を承継せずＡ講師とＢ会社が共同で出願した。Ｂ会社も、Ａ講師個人との共同特許であれば、あとから権利を横取りすること（Ｃ代表は横取りとは思っていない）が容易だと思ったのだろう。

　また、研究成果が発明になるときは、大学研究者は、大学に報告しなければならない。「第○○条　大学の教職員は、研究の成果が発明に該当すると認めるときは、学長に届出をしなければならない」と定められていることが多い。研究が発明になると、大学は強制的に、その権利を承継する。大学の方針に従わないと、研究者は懲戒処分となる。

　企業内の研究者が、給与をもらいながら会社の施設を使い、テーマまで与えられて行った発明は、職務発明だろう。しかし、大学の研究者が、自分で集めた研究費で装置などを買い、自らテーマを設定して行った研究の成果に基づく発明が、同じ結論になるのは公平といえるだろうか？

平成15年（2003年）答申「新時代の産学官連携の構築に向けて」

元々職務発明の制度は、大学の研究者に対しては特別な配慮があった。本来「大学の教員は、通常は大学からの発明の完成を期待されていないから、原則として職務発明にはあたらない」とされていた。これは、1977年の「大学教員等の発明にかかる特許等の取扱について」という答申の中で確認され、大学の研究者の場合、特許は原則として発明者個人に属するとされていたのである。

ただし、これには三つの例外があった。

①発明者個人から譲渡の申出があった発明
②国から特別の研究費を受けた研究から生じた発明
③国による特殊な研究目的のために特別な研究施設を使用した研究結果から生じた発明

②と③の場合、例外として、特許は最初から国に帰属した。

しかし２００３年に、新たな審議会の答申である「新時代の産学官連携の構築に向けて」が公表された。その中で、以前の方針が変更され、特許に関しては原則、大学帰属となった。そのため多くの大学では「職務発明規程」を変更し、大学帰属としたのである。つまり、特許法の２０１５年改正の内容は、大学では２００３年にすでに実行されていたのだ（中山信弘『特許法第3版』61ページ）。

この２００３年は、国立大学が独立行政法人化される1年前である。小泉内閣のもと、「骨太の方針」に基づいて政策転換が行われた。その背後にはアメリカの圧力があったともいわれている。

A講師の勤務する大学も、２００４年に「職務発明規程」が改定されていた。

また、早稲田大学では「職務発明規程」を２００４年に改定した。教職員の発明に基づく特許は大学が承継し、大学の費用で特許申請するとしたのである。ただし、大学が承継した特許等で、大学が利益を受けたときは、経費を引いて、**その利益の2分の1を研究者が得ることができる**とある（23条）。つまり、大学が承継した特許の収入は、経費を除いた上で、発明者である研究者に50％還元するわけだ。こういう処理の仕方であれば、研究者にとっても公平である。ただ、全ての大学にこのような制度があるわけでない。

また、仮にこのような制度があっても、大学には利益を最大化する義務――研究者のために**企業からなるべく多くの利益を獲得する義務はない**。こういう制度があるなら、大学（この場合は、ＴＬＯ）は、利益を最大化する義務を負うはずだ。しかし、そのような規程はない。つまり、もし仮に大学の特許権が企業によって侵害されていても、大学やＴＬＯなどは、言葉は悪いが、ほったらかしだ。実際のところ、人員不足、認識不足で、企業の不正には対応できない。

共同研究と特許侵害

研究者と企業の共同研究による製作等が、企業の特許権を侵害している、といわれることがある。

ある日、研究者個人に「あなたの研究（特許）は、当社の特許を侵害している」という〝ラブレター〟が、企業の弁護士から届く。こういう事態に、研究者個人で対処するのはほぼ無理だ。相手企業は、顧問弁護士を抱え、組織で迫ってくるからだ。

この場合、研究者は研究を中断するか、全面的に訴訟で戦うしかない。戦うことができない場合は、企業のいう通りに権利を放棄・譲渡して、和解するしかない。多勢に無勢で、個人での抵抗は難しいだろう。大学やＴＬＯは、味方をしてくれないからだ。

こういうときも、研究者の権利を承継する以上、本来大学が対応するべきでないか。

発明や特許出願への侵害は、大学内部でも起こりうる。

学生や院生の場合、発明をしても「職務発明」にはあたらない。給与をもらっているわけではなく、逆に学費を払っているからだ。「職務規程」も適用されないから、発明がなされれば、自ら発明者として特許出願権を持つ。その出願が特許として認められれば、特許権者だ。また仮に、共同研究の際、院生などのアイデアが発明になっても、大学と企業の特許にはならない。なぜなら院生と企業は契約関係にないからだ。

ただし、特定のプロジェクトに加わったり、大学の施設を利用したりした場合、例外として契約を結び、完成した発明を「職務発明」として扱う。

しかし多くの場合、学生や院生の発明や貢献は、研究室経由で大学の職務発明になっているのではないだろうか。もちろん、その発明が一定のレベルに達していないこともあるだろう。しかし学生や院生といえども、アイデアが発明になれば立派な発明者だ。

共同研究も同様で、仮に院生がかり出されて発明をすれば、発明者や特許権者になってもおかしくない。

実は、院生や学生とは契約が締結されていないことも多く、「今まで訴訟にならなかったことで救われている」（中山信弘『特許法第3版』63ページ）という。それ以外にも、派遣研究員や外国からの研究員なども増えており、同様の問題がある。

また、院生や学生と契約を交わしていても、適正な利益分配などを行っていない（数万円の報奨金のみ）大学も多い。院生や学生が発明者になる場合には、研究者と同じ保護が必要だ。院生らの発明が適切に処理されていなかったら、それはA講師と同じく、搾取されていることになる。

発明の利益と大学の義務

前述の早稲田大学のように、原則、職務発明を大学が承継するならば、大学はその権利者として、特許権の対価をきちんと企業から取得して、それを発明者に50％程度分けるべきだ。しかし、大学には共同研究先企業から利益を獲得する義務がないので、企業がそれを基に大きな利益を上げていても、研究者には還元されない。

なお東京大学ＴＬＯ（東京大学の子会社）は、権利化の利益の数十％を収入として、自社の売上に計上している。この仕組みは、大学特許を有効に利用し、収益（技術移転収益金・東大の保有する特許の使用料）を増やす動機にはなるが、研究者（発明者）個人には、何も利益配分がない。

大学と企業との共同研究で発明が生まれた場合、大学は形式的に承継して、企業と共同出願する。しかし、大学に利益を確保する仕組みがなく、企業が利益を独占するのは、好ましくない。そのような体制が大学になければ、研究者個人や大学の知的財産部などが、代理人に依頼して、企業と交渉し、適切な利益を確保するべきだ。大学は、研究者が研究に専念できるように、研究者本位の体制を作るべきではなかろうか。**特許に関する権利を承継する以上、大学は利益を確保し、分配する義務がある。**

特許は、現状では、発明の寄与に関係なく、特許出願契約・当事者の合意・代表者への一任などで、発明者と出願人が決まる例が多い。もちろん弁理士は、発明をした当人が出願人となる運用を推奨しているが……。

前述のように、大学では２００３年の答申で、企業その他では２０１５年の特許法改正で、職務発明の制度が根本的に変化したが、それによるリスクが認識されておらず、対応策も考えられていない。そのため、研究者はトラブルの最前線に放り出されるかたちになる。その結果、交渉時の契約トラブルや特許をめぐるトラブルなどが多発し、現場では認識されていながら、放置されてきた。研究者は、大学または代理人によって守られるべきである。大学は特許を得ており（利益を上げたかどうかは別だが）、逆に研究者にはそれ相応のリスクがあるのだから。

【第1章のまとめ】

1、現状では、研究者は、共同研究でトラブルとなった場合、大学もＴＬＯも守ってくれず、自分の身は自分で守るしかない。今後共同研究において、誰が発明したかという紛争が増えれば、「研究ノート」が裁判でも重要な証拠となる。

2、職務発明において、大学研究者は元々特別扱いされていたが、２００３年に方針が転換されて、大学帰属が原則となった。

3、大学は、職務発明制度で、研究者の発明を承継して、特許権者になることが多いが、利益を確保するシステムがなく、共同研究企業が利益を独占する可能性が高い。

4、特許権は本来、発明者が取得するはずだが、実務では契約で発明者が決まることも多く、必ずしも、実際に発明した人が特許権者になるわけではない。

5、産学共同研究は、研究者本位で行うべきだ。ＴＬＯや産学交流本部などは、きちんと研究者を代理し、大学や研究者に利益を還元するような体制を構築するべきだ。もしそれが無理ならば、研究者個人が代理人を立てて、利益を還元させる仕組みを考えるべきだ。これが公平な利益配分だろう。

第2章　共同研究契約と若手研究者

本章では、共同研究契約と研究者の問題を取り上げよう。具体的には、若手研究者へのハラスメント、契約書の問題点、法律違反の可能性について説明する。おそらく多くの方に関係する章なので、読み飛ばさないでいただけると幸いだ（第2章は生々しい話なので、登場人物の仮名は全て十干を使用している。深い意味はない）。

1、共同研究契約とハラスメント

研究費獲得は業績か？

序章で2番目に取り上げた公立大学の甲教授の話の続きである。

簡単に内容を振り返ると、甲教授は、工学部で分析化学を専門とする研究者だ。大学の共同研究方針に従い、地元の中堅企業である乙会社と共同研究をしていた。大学から甲研究室に支給される研究費は少なく、学会活動もままならない。通常の研究活動をするためには、企業との共同研究や研究助成などが必須だ。最近は、業績目録の最初に、獲得した研究費一覧が来る。ということは、研究者にとって大事なのは、研究業績よりも共同研究で得た研究費ということになろうか。

その一方、企業から研究費をもらってしまうと、企業側から大学へいろいろ要望が出てくる。今回の相談内容は、その要望についてである。

甲教授から私に連絡があったのは、夜の10時過ぎだった。着信履歴があり、「至急返信いただきたい」というメッセージがあったため、コールバックした。

「山田先生、夜分申し訳ありません。乙会社に試作品が間に合わないと伝えたところ、乙会社から内容証明郵便というのが来ました」

「試作品はどのくらいできたのですか？」

「実はほとんどできていません。製作を任せていた助教の丁君（丁助教とする）が体調不良で入院し、ドクターの院生は心身症で休学しました」

「丁助教は、どうされたのでしょうか？」

「うつ病のようです。心身症が原因といわれていますが、ぜんそくも悪化したそうです」

「院生の方は、どうされました？」

「休学して心療内科の治療を受けています。親御さんが来て、自宅に連れ帰ったようです」

「試作品の製作で相当プレッシャーがかかっていたのでしょうか？」

「……」

甲教授はその質問には答えなかった。

「内容証明郵便を、メールに添付して送っていただけますか」

「承知しました。すぐにお送りいたします。その上でどうしたらよいか、ご教示ください」

５分後に届いた内容証明郵便を見た。乙会社の総務部から出されたものである。要約すると次のようになる。

〈約束の期限に試作品が間に合わなかったので、当社に多額の損害が生じた。さらに試作品の製作が遅れるようであれば、共同研究契約を解除し、研究費の返還を求め、損害賠償請求をする〉

すぐに甲教授に電話した。

「甲先生、この内容証明は大学宛に来たものですね」

「はい、そうです。事務が受け取って、今日そのまま私のところに届きました。開けて驚いたのでご連絡したのです」

大学の事務局はまだ事態を把握していないらしい。

「この通知は、あと1週間で試作品を完成しなさい、さもないと法的手段を取りますよという内容ですが、完成しますか？」

「先ほどお伝えした通り、助教の丁君とドクターの院生がダウンしたので、無理だと思います。私は別の共同研究もありまして……」

「無理だと伝えたらいかがでしょうか」

「本当に裁判をしてくるのでしょうか？　私は共同研究を取れという大学の指示に従っただけなのですが……」

甲教授にとっては、いきなり裁判とか損害賠償などといわれること自体がショックらしい。電話の向こうからも、その様子がうかがわれた。

「今日は遅いので、どうするかまた、改めて協議しましょう。事務所にお越しいただくことは可能ですか？」

「はい、明後日なら行けると思います」

「それでは、そのときに、共同研究契約書とその他関係する書類をお持ちください。またこれまでの事情を起きた順にまとめて、お持ちいただけますか？」

「承知しました」

２日後、約束の時間ちょうどに甲教授は現れた。朝一番の飛行機で来たらしい。

「おはようございます。朝から申し訳ありません」

「おはようございます。わざわざお越しいただき恐れ入ります。その後何か変化はありましたか？」

「その後は何もありません」

「丁助教やドクターの院生の方はいかがでしょうか？」

「前のままです。来週までの製作は無理のようです」

甲教授は疲れた顔で言った。

「甲先生、共同研究契約書の写しはお持ちですか？」

「こちらにお持ちしました。ご指示通り、乙会社との交渉の過程を、時系列順に整理した表がこちらです」

　エクセルで作成した表に、誰とどこで会って、どういう協議をしたかが細かい字でびっしり書かれている。

「契約書はこれだけですか？」

「そうです。前にお伝えした通り、乙会社にあったひな形に、関連する事実を補充した物です」

「大学の事務の方は何かチェックをしましたか？」

「いえ、形式的な点以外は、何も指摘はありませんでした」

「わかりました。では、契約を確認していきましょう」

共同研究契約書に書かれていること

　甲教授が属する公立大学法人（２００４年の独立行政法人化で、国立大学は法人となり、多くの公立大学は公立大学法人となった）は、ＴＬＯが産学交流を調整する。共同研究は、多くの場合、契約から始まる。

前章でも触れたが、共同研究契約書の場合、契約の当事者（この場合、名義人という意味）は、あくまで公立大学法人（学長）と乙会社（代表取締役：会社を代表する権限を持つ者）になる。甲教授は、研究分担者として記載されるにすぎないが、実質的には責任者だ。

今回の事例では、乙会社が契約書のひな形を準備し、それを大学のＴＬＯ部門がチェックしている。チェックといっても、担当するのは大学職員であり、法律専門家ではない。だから契約の中身を大幅に変えることはなく、ほぼそのまま通ってしまう。

契約内容は、概ね次の通りだった。

①研究費は、２年間で２００万円。ただし、その20％は大学の間接経費（事務経費）として吸収され、直接経費（実際に使える額）は１６０万円程度である。この資金も、一度大学に入金され、委任経理金という形で大学が管理する。なお資金の一部は、試作品作成のための部品購入に使われ、乙会社が部品を納入した。

②研究場所は、甲教授の研究室であり、必要があれば甲の指定する者（助教など）がこの研究に従事することができる。ただし、その費用も研究費に含まれる。

③研究目的は、仮に「製品の高精度な分析方法の確立」とだけされている。実施細目

参考: 記入例

共同研究契約書

1. 甲	国立大学法人　〇〇大学
2. 乙	〇〇電機工業株式会社
3. 研究題目	〇〇〇〇を代行するセンサーネットワークの研究
4. 研究目的	今まで人が行ってきた感覚による製品検査を、ネットワーク上のセンサーで行う技術を開発する。
5. 研究内容	複数のセンサーをネットワーク接続するためのモデル化を行い、オブジェクト指向型の通信プロトコルを開発する。具体的な応用モデルを試作して、有効性を検証する。

6. 研究分担	区分	氏名	所属部局・職名	本研究における役割	派遣の有無
	甲	本郷　弥生	情報理工　教授	研究全体の統括と指導	
		駒場　一郎	情報理工　准教授	各種センサーのモデル化	
		白金　柏	情報理工　助教	センサーネットワークのプロトコル開発	
	乙	鈴木　千次	技術部　課長	研究計画の作成とスケジュール管理	無
		佐藤　常雄	技術部　係長	ネットワークプロトコルの実装	無
		斉藤　貞晴	技術部　主任	応用モデルの構築と評価	有(24.9まで)

7. 研究スケジュール	23年4月：目標設定・計画　5月～24年3月：プロトコル開発　4月～9月:実装　10月～25年3月：評価
8. 研究実施場所	工学部〇〇〇 および 〇〇電機本社
9. 研究期間	平成23年4月1日　から　平成25年3月31日　まで

10. 研究経費の負担	区分	研究費（第7条第1項第1号）※研究支援経費を含む	研究料（第7条第1項第2号）
	乙	23年度　5,500,000円	23年度　525,000円
		24年度　2,000,000円	24年度　262,500円
	合計	7,500,000円	787,500円
	総額	8,287,500円	

11. 施設及び設備の提供	区分	施設の名称	設備　名称	設備　規格	設備　数量
	甲	工学部〇〇〇実験室	ネットワーク試験設備	100Mbps×16	1
	乙	本社技術部実験棟	官能検査模擬設備	32種類	1
			応用モデル用センサー	10～20種類	1

12. ノウハウの秘匿期間	本共同研究終了日（研究期間が複数年度にわたる場合は各年度末）の翌日から起算して3年間
13. 秘密保持義務の有効期間	本共同研究終了日（研究期間が複数年度にわたる場合は各年度末）の翌日から起算して3年間
14. 実施目標期間	知的財産権を出願等した翌日から起算して3年間

甲と乙は、上記契約項目表記載の共同研究（以下「本共同研究」という。）を実施するにつき、次の各条の通り共同研究契約（以下「本契約」という。）を締結し、本契約の締結を証するため、この契約書2通を作成し、甲、乙それぞれ1通を保管するものとする。

平成23年4月1日

（甲）　東京都文京区〇〇〇〇〇〇〇〇〇
国立大学法人 〇〇大学　　総長 〇〇　〇〇
代理人　　〇〇　〇〇

（乙）　東京都文京区西片〇〇〇〇〇〇〇
〇〇電機工業株式会社　　社長 〇〇 〇〇

- 4 -

東京大学の共同研究契約書記入例より筆者作成
出典：https://www.ducr.u-tokyo.ac.jp/content/400060263.pdf

（実際の作業など）については、担当者が協議して定めるとある。

この契約の特徴は、あくまで大学学長と乙会社代表取締役との間で結ばれたものであるという点だ。甲教授または乙会社が、どのような義務を、いつまでに負うか、支払以外に具体的なことは何も記載されていない。それらについては乙会社担当者と甲教授がメール等で協議して決めるのだが、ここに落とし穴がある。

契約というのは、お互いの権利義務を定めるものだ。もし義務を守れなければ、債務不履行（過失により、義務を履行できないこと）となり、損害賠償や契約の解除が可能となる。しかし今回は、どうなれば損害賠償なのか、はっきり書かれていない。その場合、民法に従って催告（いつまでに何をしなさいという通知。今回は内容証明郵便がそれに当たる）をして、契約の解除（遡って何も契約がなかったようにすること）や損害賠償請求（乙会社が受けた損害を大学や甲に請求する）を行う。

「今回の試作品の製作については、どのような協議が行われましたか」

「詳細はこの表を見ていただければと思います。メールでのやりとりを印刷してお持ちしました」

表を見ると、試作品の仕様や期日などは、一方的に乙会社担当丙から連絡されているだけで、甲教授はできるとも、できないとも回答していない。

「甲先生は、今回の試作品製作について、はっきり了解しましたとはいっていませんね？」

「そもそも今回の試作品の製作は難しい案件であること、そして期日が短かったことから、無理だと思っていました。なので、返事はしていません。丙さんからお願いされたら断れないですね。今後の共同研究もありますし……」

「契約は、申し込まれ、承諾して、初めて成立します。甲先生は承諾していませんから、契約は成立していません」

「そうなのですか？　共同研究とはいえ、今までも毎回こんな感じですが……」

「かなりの無理難題のように思います」

「今までは、助教の丁君はじめ、研究室の院生たちが頑張ってくれたので、何とかなりました。まだ乙会社は、ちゃんと研究費を支払ってくれるだけありがたいです……」

「研究費を支払わない企業もあるのですか？」

「中小企業の中には『高名な甲先生のお知恵をお貸しいただきたい』などといって来ながら、

無料で協力しろというところも多いので……」

「………」

この話を聞いて、私自身の経験を思い出した。

県庁などで審議会の委員をしていた時期に、「資産の証券化（キャッシュフローを生む資産を分離して、ファイナンスを行うこと）について、ご高名な先生のご意見を伺いたい」などと面会を申し込まれた。私の論文（の一部）を何本か読み、「資産証券化検討委員」の名簿を見てきたという。地元の割と大きなゼネコンの担当者数名と法律事務所で面会したが、結局は無償で、自社の証券化のアドバイザーになってくれ、ということだった。私の時間にも限りがあり、お断りしたが、「そんなことをいっていいのですか」などと執拗に食い下がられたことには驚いた。「大学の研究者は、ただで協力するものだ」と信じているようだった。

それと比べると、今回の共同研究契約では、乙会社は２００万円を支払っているだけましかもしれない。その代わりに2年間は、乙会社の希望通りに試作品を製作したり、実験データなどを提供したりする必要がある（乙会社はそのように考えている）。ただ、２００万円を支払ったといっても、結果的にその半分は自社の部品の代金として戻ってくる。

なんとなく背景が見えてきた。乙会社は複数の共同研究をいくつかの大学と行っており、手続には慣れているようだ。

本契約は、名目上は共同研究だが、実際には測定分析器の試作である。約束の期限までに、乙会社の要求水準を満たす測定器を、研究室の院生などを使い、製作して納品する。実際には共同研究ではなく、ほぼ無償で、試作品製作の請負をしているようなものだ。納品すべき試作品の仕様などは、乙会社担当丙が一方的に通知してくる。


「甲先生、契約書には、『いつまでに何をしろ』という義務は規定されていません。契約書で規定されているのは、研究期間や研究場所、研究に利用する設備だけで、それ以外の義務はありません。この契約書からは、損害賠償請求等は無理です。仮に、先生ご自身が試作品の製作を確約したと、乙会社の方で証明できなければ、裁判は難しいでしょう」

「え!?　それでは裁判にならないのですか?」

「今のままでは難しいので、試作品を早く作らせるために、乙会社は内容証明郵便を出したのでしょう。普通の方は、そんな郵便を見ると驚きますから」

「受け取った研究費の返還はいかがでしょうか？　既に乙会社から部品を購入したり、一部は学会の出張費などで、使ってしまっています」

「この契約書では、返還する義務は書かれていませんね。もっとも、共同研究といいながら何もしていない場合などは、法律に従って、契約解除や返還などもあり得ます」

「今回の件では、前にも試作品の製作はしていますし、何もしていないわけではありません。共同研究といっても、乙会社には実際に研究をしている方はいません」

甲教授はそう言った。

「この契約の特徴は、一番の当事者は甲先生のはずなのに、乙会社と大学の間の契約になっている点です。さらに丁助教や院生の方は、名前すら出てきません。しかし実際には、一番の当事者は彼らです」

私が言うと、甲教授は下を向いて言った。

「彼らには大変な負担を掛けました。しかしこれだけ院生がいると、彼らの学会出張費だけでも大変な額です。大学からの研究費ではとても賄えません。いきおい複数の共同研究契約を取ってこないと、研究室の運営すら難しくなっているのです。研究者の評価は、論文数や引用数だけでなく、いくら研究費を取ってきたかが重要なので……」

「確かに文系学部でも、その傾向はありますね。しかし研究者は研究が本業であり、営業が本業ではないはずですが。ＴＬＯは共同研究契約を取ってきてくれないのですか？」

「斡旋してくれる場合もありますが、多くは自分で見つけてこないといけません。それでも大学の共同研究と見なされ、ＴＬＯはそれを実績に入れてますが……」

「なるほど、共同研究の数が大学の評価なのですね」

このような風潮も、従前の大学にはなかったものだ。

学生は就活、大学教員は研究費受託活動（研活？）

研究室を主宰する甲教授は、研究費をより潤沢にするために、さまざまな企業と共同研究をしている。そのうちの一つが、地元の中堅「乙会社」だった。地方では、かなりの割合で県庁や市役所なども共同研究の受託に関与する。公立大学としては、地元貢献と産学交流の両方で実績を上げているというアピールにもなる。大学と企業の間の調整・斡旋をするのが、大学にあるＴＬＯだ。

問題は、研究室に所属する若手研究者である。**しわ寄せ**は彼らに及んでいた。

甲教授の留守中、担当丙から研究室に電話あったことは序章で触れた。それ以降、担当丙が研究室に来て、助教や院生に直接指示を出すようになった。専門家ではないので、口だけ出して手は出さない。いても邪魔になるだけだ。院生たちはたまったものではない。

「〇〇さん、この前からお願いしている、こちらの試作はどんな状況ですか？」

「△△さん、そんなに仕事が遅いと、社会では通用しませんよ！」

担当丙も、実は会社から納期について厳しい締め付けにあっていた。

研究室に帰ってきた甲教授が担当丙に気がついた。

「丙さん、お世話になっております。ここで何をされておられるのですか？」

「あ、甲先生。やっとお帰りですか。試作品ができないと大変なので、ここで監視しています」

甲教授は、ようやく状況がのみ込めた。

「あまり、院生諸君の研究のジャマをしてほしくはないのですが」

「ジャマとは何ですか！　ジャマとは！　だいたい甲先生が期限に遅れるから、こうなるんですよ」

担当丙は激高して大声を出した。

甲教授は、担当丙を研究室の外に連れ出した。

「丙さん、お手数をお掛けいたします。しかし院生らは、本来共同研究に関係ないので、冷静な対応をお願いします」

「甲先生、約束を守らないで、何を言っているのですか。会社に帰って法務と相談します。いろいろ覚悟しておいてください」

これは脅迫に近い。研究室にも声が筒抜けだ。

学生の一人が心配そうに聞いた。

「甲先生、大丈夫ですか？」

「大丈夫だから、心配しないで、研究を続けてください。私も専門家に連絡するから」

こうして、甲教授は共通の知人を介して私に会いに来たわけだ。

甲教授は、他の共同研究企業との打ち合わせや、別の共同研究の受託のため、あまり研究室にいない。そうこうするうちに、担当丙が直接指示を出すようになる。助教や院生には自分の研究もあり、余裕が全くない上に、甲教授に共同研究を指示されて非常に不満がたまっている。これでは、無休のブラックバイトか、それ以下だ。

大学はいつからこのようになったのだろうか？研究費が減らされ始めたのは、独立行政法人化以降だ。同時期に始まった文部科学省の政策である「選択と集中」により、一部を除き、理系の各研究室に配分される一般研究費は大幅に減らされた。代わりに、研究費の申請が教員の重要な仕事となった。しかし、申請しても採択されなければお金はない。そうすると、その年は研究費がないので文房具も買えない。一方、プロジェクトが採択されると多額の研究費が配分され、正直、使い切れないときもある……。

申請式の研究助成は上限があり、かつ審査が厳しいので、企業との共同研究による資金提供があれば助かる。これが大学研究者の本音だ。理想をいえば、黙ってお金だけ出してくれる共同研究か、自分が興味のある分野の共同研究があればベストだが、そんな好条件のものはほとんどない。

そうすると本件のように、大学の技術を使っての試作品の製作といった下請けのような状況になってしまう。また、共同研究による資金をどの程度受け入れたかが評価の対象になるから、来た話をどんどん受けてしまい、それがトラブルのもととなる。

一方、共同研究を行う企業側は、研究資金のことを投資と考えている。つまり、それ以上の見返りを求めており、それが自社の売上につながればなおよい。

弁護士による介入

これらの説明を聞いて、私はまず内容証明郵便に対する返事を考えた。

普通、契約には、いつまでに何をするか期限が設定されているが、今回の契約にはそれがない。試作品の製作については、担当丙から一方的な連絡があっただけで、甲教授はそれに「できます」という返事はしていない。個別の試作について、甲教授は何の義務も負っていない。つまり、裁判をしても何も強制されない。

「甲先生、私の名前で、返事の内容証明を書きます。内容は『本契約においては、具体的な権利義務について、具体的に決定されていない。そうなると、当方には、何ら契約上の義務がないのに、御社担当丙は、甲研究室に出入りし、院生等に権利もなく指示をしているが、それは場合によっては業務妨害になるので止めていただきたい。今後、連絡は全て弁護士を通すように』となりますが、よろしいですか」

「それで構いません」

「相手方は、それなら契約を解除するといってくるかもしれませんが……」

「それはそれで仕方ありません」

私は弁護士名で、乙会社宛に内容証明の返事を出した。

乙会社は、予想に反してしばらく静かだった。数週間後、私宛に乙会社の弁護士から内容証明郵便が届いた。内容は「約束した通り、試作品を製作せよ」というものだった。

私も再度「本件契約では、甲教授及び丁助教らは、何も具体的な義務を負っていない。研究費は契約に従って履行している（義務は果たしている）。また、これまで本共同研究において、甲教授らは3回試作品を製作していて、十分に義務は果たしており、義務違反はない」という返事を出した。

弁護士同士のやりとりは、急がない場合、「白ヤギさんからお手紙出した。黒ヤギさんから返事が届いた……」というようなのんびりしたものとなる。そうこうするうちに、関係者が冷静になるという利点もある。

数週間後、乙会社から「共同研究契約を解除する」という意思表示が届いた。しかし資金を引き揚げるという動きはないし、裁判もない。

「甲先生、これでよろしいでしょうか？」

「仕方ありませんが、落ち着いてよかったです。あとは私が大学に報告します……」
甲教授は少し落胆していた。共同研究が一つ減ったからだ。

共同研究契約は、法的には、珍しい契約だ。繰り返すが、契約当事者は、大学学長と会社代表。大学教員は、研究従事者という立場であり、研究者名は記載されるが当事者ではない。企業は、契約した資金を支払う義務を負うが、大学側の義務は、その後企業側担当者とのやりとりで決めていくことになる。

さらに、助教は教員として契約に名前が載ることはあるが、院生は載らない。研究当事者ではなく、しかも学費を支払っているので義務も負わない。学生ももちろん同様だ。

共同研究のメリットは、企業がお金を出すことだ。しかしその資金を、研究費として全部使えるわけでは、もちろんない。企業が支払った資金から経費が引かれて、残りが教員の研究費となる。さらに、本件のように、相手企業から材料や試料を買わなければならない制約があったりする。実際に自由に使えるのは、提供資金の半分以下になることもある。

この事例は、共同研究というより、**試作品製作の下請け**だった。しかも、甲教授だけではなく、研究室の丁助教、院生、学生が無償で協力した。これは、本来何の関係もない院生らが、甲教授の指示のもと行った。実際は「やらされた」という表現が近いだろう。昔なら「これも、勉強のうち」で済んだかもしれないが、最近はそうはいかない。特に研究室に残るつもりのない学生は、就職や卒業に関係ない限り、自分の研究以外はしたくないのが本音だ。

欧州の例

あるとき、イギリスに留学中の日本人研究者に、現地の理系研究室の様子を聞く機会があった。

イギリス人の院生が、教員が受託した共同研究に協力するか聞くと、

「基本的に、ボランティアでは誰も協力しないでしょう。自分の研究に関係ありませんから」

「誰も協力しないのですか？」

「無償で共同研究などを手伝うのは、アジアからの留学生だけでしょう」

「有償なら、どうですか？」

「ドイツなどでは、院生は協力者（Mitarbeiter）として、有償で手伝うことはあるそうです。

時給は15～30ユーロ程度です」

「その分、研究費はかさみますね」

「院生はプロジェクトごとに雇われることが多いそうです。研究室にタイムカードがあり、きっちり時間が決められています」

「普通の職場と同じですね？」

「産学共同自体は、研究開発部門で盛んに行われています。しかし結果が出ないと切られることがあるそうです。院生にも厳しいですね」

なるほど、イギリスでは、教授が受託した共同研究に院生が関与する場合、その**自由意思に基づき、かつ有償が原則**ということだ。


ロールスロイス社とケンブリッジ大学の例（有名な事例で、いくつもの先行研究がある）を挙げて、簡単に説明しよう。

自前の研究開発施設を持たないロールスロイス社は、長期的な研究開発を大学との共同研究に委ねている。なかでも、ケンブリッジ大学の材料科学部門とは、新しい合金を用いた操作コンポーネントの開発に必要なガスタービン・アプリケーションの開発に、５０００万ポンド（約72億円）を拠出する戦略的な協定を結んでいる。

ロールスロイス社は多額の投資をしたが、その成果としてケンブリッジ大学の材料科学部門は新たなニッケルやスチール合金を作り出すことに成功した。それによって他社との競争で非常に優位な立場に立つことができたので、投資は十分にペイしたわけだ。

これだけ大きな規模の契約を実行するためには、十分な体制が必要だ。ケンブリッジ大学は、企画立案、研究資金維持、契約交渉手続などの共同研究部門だけで、２００名程度の人員を抱えているという。その結果、２０１６年だけで、技術移転の収入が２２５０万ポンド（約32億円）あり、１６０５件のサポート、１２７件の研究契約、１４６件の特許出願が可能となった。

なおケンブリッジ大学では、共同研究の予算は、会計原則に従って原価計算（材料費、労務費、経費を計算して、サービスの原価を計算すること）を行っている。これは、付帯事業としての共同研究ではなく、立派な一事業部門だといえる。

つまり、大学の専門スタッフと企業が、研究内容や期間、目的などを十分に精査した上で、互いのメリットになるように交渉し、契約を締結するのだ。しかも研究成果について費用などの原価計算がなされ、費用対効果が測られる。もちろん明朗会計で、その結果もしっかり公表される。こういう仕組みがあることで、企業の方も、どこの大学と共同研究すべきか簡単に比較ができる。

ちなみに、先のイギリスに留学中の研究者が属する大学でも、世界的な大手企業を中心に、日本企業もプロジェクトに加わった高額なプロジェクト（数千万ポンドの予算規模）が、いくつか進行中という。日本企業も、海外の大学では、その国の慣行に従って契約をするわけだ。それならわが国でも、**公平かつ全てが契約に盛り込まれ、会計原則に従った共同研究が可能ではないか**。公共事業の入札に参加している企業であれば、会計処理には慣れているはずで、こういうやり方でも全く問題がないはずだ。

アメリカの例と、日本での共同研究契約の問題点

日本でもこうした産学共同研究はできないものか。数千万から数億規模の予算を組み、専門のコーディネーター（たとえばＴＬＯの担当者）が事業計画をきちんと立て、関係者の報酬などの費用をしっかり予算に入れて、契約の目的や互いの義務などをきちんと契約書に記載する。さらにかかった費用などをきちんと処理し、その結果（計算書も含む）を公表する。もし院生などに作業を依頼する場合、時給と上限の時間数、その目的などを明らかにし、自

由意思で同意してもらう。

それに対し、今の日本では、数十万円規模の共同研究を実施するため、当事者がかなり無理をしているように思える。本章で見たように、院生などが、自らの意思に反し、自分の研究以外の研究に無償で従事させられている。

欧米の研究者の世界では、共同研究は一つのビジネスとしてまわっている。

今度はアメリカの例を挙げよう。

中国のファーウェイ社をめぐる疑惑が、米中間で問題となっているが、実はファーウェイ社は、アメリカの大学に寄付をしている。日本経済新聞によると、２０１７年には１０００万ドルを寄付したという。カリフォルニア大学バークレー校は、過去２年で８００万ドルを受け取ったそうだ。スタンフォード大学には、年間20万ドルを人工知能の分野に対して寄付した企業は、大学の研究者と自由に交流したり、論文発表会に参加できたりする産学交流プログラムがあるという。もちろんファーウェイ社も寄付をしている。

日経の記事の趣旨は、「先端技術の窃取に敏感となっているトランプ政権」だったが、私はむしろ「大学研究者と交流するために、20万ドル支払う」という産学交流プログラムがあることに驚いた。人工知能分野の研究はそれだけ価値が高いということだが、日本の慈善的な無償ベースの産学交流とは規模が違う。

繰り返すが、日本でも、大学研究者が企業と共同研究をするときは、本来、ビジネスベースで、契約書に全て記載することが、今後不可欠になるだろう。

共同研究は、関係者全員が無償で行うことに同意している場合を除き、**関係する人全員と契約内容を具体的に書いて、お互いにメリットがあるような契約にする。**現状は、一方的に大学側、特に若手の研究者が割を食うシステムになっている。「搾取」どころか、若手研究者が潰れてしまう。

大学院生を雇用する場合、修士課程、博士課程、助教と、それぞれ時給を決めて（技術に差があるため）、週10時間などの上限を設けるなど、配慮が必要だ。ドイツの例を円換算すると、博士課程の院生の時給は２０００〜４０００円ほどになる。逆に院生の側も、最低限の研究倫理、研究方法、基本的技術などを、きちんとマスターしておかなければならない。

また、院生ら、弱い立場の研究者を制度的に保護するシステムが必須だろう。一部の大学では、研究における院生・学生の権利が叫ばれているが、それは共同研究においても同じだ。

現在の「共同研究契約」は、企業側によって予め用意された契約書を、ＴＬＯなどで確認した上で、大学学長と企業代表者が締結する。契約書の内容は概ね、１０２ページに掲載した「共同研究契約書記入例」の通りだ。

産学共同研究では、契約内容を、しっかり交渉した上で、大学側にもメリットがあるようにするべきだ。大学やＴＬＯに人材がいなければ、代理人に委託すれば問題ない。産学交流で、院生などに本章で取り上げたような問題が生じたら、本来、大学の責任も問われる。これまであまり問題とならなかったのは、大学ではなく、研究者個人の責任とされてきたからだ。

契約の中で、大学の研究者が独立した当事者となっていないことも問題だ。繰り返し述べたように、研究者と大学の利害は、部分的に対立する。にもかかわらず、研究者の権利と義務が、共同研究契約に記載されていないのはおかしい。こういう状況が、さまざまな問題を引き起こすのである。次に、そういう事例を取り上げよう。

2、これはパワハラか

ハラスメント委員会への申立

ここから取り上げる内容は、一部事実、一部過去の判例等を参考にしたものだが、わかりやすいように、引き続き甲研究室の事案として説明していく。

その後しばらく、甲教授の研究室は穏やかな日々が流れていたが、ある日、激震が走った。丁助教が、甲教授を「パワハラ」で、学内のハラスメント委員会（大学により、名称は異なる）へ訴えたのだ。「自分が、うつ病になったのは、甲教授のパワハラが原因」という内容だ。

丁助教は、乙会社との共同研究の前から、長時間、研究室に詰めていた。入院する前の月の研究室在室時間は、４００時間を超えていた。

丁助教の病状は、提出された診断書では「離人症性障害（自分が自分でないかのような感覚、あるいは夢の中にいるようなぼんやりした感覚にとらわれる症候群）、うつ病（中程度）

と診断」とされていた。

甲教授の大学の学内規程では、パワハラは「職務上優越的立場にある者がその地位及び権限を利用して、相手の職務上の権利を侵害し若《も》しくは勤労意欲を害し又は就労環境を悪化させる行為」と記されている。簡単にいうと、上司がその立場を利用して部下の権利を侵害する行為だ。

丁助教は、自らの研究のほか、「乙会社と共同研究による試作品の製作を、甲教授から強制的にさせられ、徹夜が続いた」と主張している。丁助教の任期は3年なので、その間に研究成果を出すか、他大学へ移籍しなければ職を失う。そのプレッシャーの大きさは、当事者になってみないとわからない（第3章参照）。

数カ月後、甲教授から連絡があった。

「実は、助教の丁さんが私を、パワハラといって、学内のハラスメント委員会に訴えました」

「え、丁助教が、甲先生を訴えたのですか？」

「そうです。裁判ではないので、訴えたというか、申立をしました。共同研究により、心身に異常が起きた、それはパワハラだ、という主張です」

「乙会社が原因なので、甲先生が訴えられるのは、おかしいと思いますが……」

「仕方ありません。私は真実を述べるのみです」

「ハラスメント委員会は大学内の組織なので、いろいろ情報が伝わりますし、弁護士をつけることはできないですね」

「大丈夫です。私一人で対応しますので。ありがとうございます」


　ハラスメント委員会とは、「ハラスメントではないか」という申立があった場合、申し出た人や相手の言い分を聞き、証拠などを検分、ハラスメントが本当にあったかどうか判断する大学内の組織だ（実際には、ハラスメント委員会の中に、分科会のように調査委員会を設置し、その答申が、ハラスメント委員会で審議される。しかし紛らわしいため、本書では、ハラスメント委員会で統一する）。

　ハラスメント委員会の委員には、各学部の教員や人事の責任者などが任命される。ハラスメント委員会で、ハラスメントがあったと認定されれば、その答申に基づき、学長（最終的な人事権者）が相手方（訴えられた者）に懲戒処分を下す。処分内容は就業規則に従うが、戒告、休職だけでなく、解雇（免職）もあり得る。最近はハラスメントの事件（パワハラ、アカハラなど）が多いので、各大学とも、ハラスメント委員会の規程を整備し、体制を強化している。

甲教授からは、ハラスメント委員会との面談の前に連絡があり、どう回答するかを協議した。弁護士の立ち会いはできないが、ハラスメント委員会との面談に備えての相談は有効だ。甲教授と私は、本件をはじめからゆっくり振り返り、証拠に基づいて協議した。話し合いは３時間にも及んだ。

「明日のハラスメント委員会では、真実を伝えてきます」

「事実を、証拠に基づいて説明されるのがよいでしょう。事実と考えを分けて、あくまでも事実をお伝えください」

「わかりました。いろいろご助言ありがとうございました」

甲教授は私の事務所をあとにした。私は、本件について、適切な判断がなされることを願った。

ハラスメント委員会の答申と大学の処分

3週間後、甲教授から再び連絡があった。

「ハラスメント調査委員会の結論はどうなりましたか？」

「その件で、ご連絡いたしました。ハラスメント委員会では、パワハラが認定されて、私は大学から2カ月の停職処分を受けました」

「え!? 停職ですか？ 原因は乙会社だと思いますが……」

「私もそう主張しましたが、認められませんでした」

「処分理由は、もらいましたか」

「まだです。停職の命令書のみです」

「それでは、処分理由を文書で受け取ってください」

「承知しました。ご相談に乗っていただきありがとうございます」

ハラスメント委員会では、両当事者の言い分を聞き、公平に判断するのが原則だ。しかし今回、申し立てた丁助教は休職中なので、病気療養に配慮した調査になっていた。職員に処分を科すときは、刑事裁判のように、双方の言い分を聞いた上で証拠に基づく手続が必要だが、それはできていたのだろうか……？

翌日、甲教授から処分理由書がメール添付で送られてきた。ハラスメントが行われたとされる場所は研究室だが、**いつの、どのような言動がハラスメントにあたるかは、具体的に言及されていない**。丁助教の申立、面談、そして診断書に基づいて、ハラスメントがあったと認定している印象を持った。その後、甲教授から電話があった。

「山田先生、ご多用中、申し訳ございません。丁さんには、申し訳ないことをしたと反省しています。ただ理由書は、『共同研究』や『乙会社の圧力』などには、何も触れておらず、私だけがハラスメントをしたと認定されています。これは納得できません」

「推測ですが、大学側には、共同研究を引き続き推進したいという配慮があるのでしょうか？」

「私にはわかりません。ただ私は、『共同研究を取れ』という大学の指示に従い、努力しただけですが、なぜ私だけが処分されるのでしょうか？　もちろん、丁さんや院生諸君などには大変な迷惑を掛けたと反省はしています。でも、もとはといえば、乙会社の理不尽な要求が原因ではないでしょうか？　さらに、交流を進めた大学には責任がないのでしょうか？」

「丁助教はどうされていますか？」

「丁さんは休職中です。院生も、まだ休学中です。彼らには申し訳ないことをしました。ただ彼らに一番圧力を掛けたのは、乙会社の担当丙だと思います」

「ハラスメント委員会の決定に基づく処分については、異議申立ができないのが問題ですね。甲先生の言い分も、一度聞いただけです。何より、いつの、どのような言動がハラスメントにあたるか、証拠に基づいて、はっきり書かれていません」

甲教授が「職務上、優越的立場にある者（処分権限を持つ上司）」ということは明らかだ。しかし甲教授が、「自分の地位と権限を利用して」、どの行為が「丁助教の就労環境を悪化させる行為」にあたるかが、具体的に検討されていない。通常の裁判手続に置き換えると、明らかに適正（公平な手続）を欠いている。しかしハラスメント委員会は、法律の専門家集団でもなければ、外部の弁護士等による第三者委員会でもない。だから、適正な手続が難しいことはわかるが、このようなかたちで停職2カ月という処分を決めてよいのか、やや疑問が残る。

「甲先生は、大学から2カ月の停職処分を受けました。ハラスメント委員会の勧告（パワハラがあったと認め、処分してくださいという意見書）に基づき、大学の人事委員会（最終的には学長）が前例に従い、２カ月の停職処分となったわけです」

「はい」

「なぜ、停職２カ月なのでしょうか？」

「理由は書かれていません。おそらく、以前に本学で、パワハラをしたという教員がいて、その処分が停職２カ月でした。前例にならったのかもしれません。院生に対し、夜間に何回もメールを送りつけ、研究会で叱責したことが原因で、院生がうつ病になり、退学した事案です」

「明らかに甲先生の事件とは異なりますね。どうしますか？　過去の裁判例を見ると、ハラスメント関連の裁判では、処分された者が不満で、大学を訴えるケースが多いです」

「具体的に、どういう裁判ですか？」

「今回は停職２カ月ということで、その間、甲先生には給与が払われず損害が生じています。さらに停職後、辞職する事例も多いようです。そこで、停職という処分に不満で、その取消を求める裁判として、まずは『停職処分停止（停職という処分の効力を停止してもらう）の仮処分』があります。岡山大学でも同じ裁判が行われ、処分が軽くなったという事案があったようです」

「私は、誰を訴えるのですか?」

「甲先生は、大学を訴えます。停職処分を争うことになります。ハラスメントの裁判は、加害者対被害者でなく、加害者（処分を受けたもの）とされる者と、大学の争いが多いです」

「本来は、乙会社や担当丙を訴えたいくらいですが、変な裁判ですね」

「その通りです。ただ、このままだと甲先生の名誉は回復されず、退職に追い込まれる可能性があります。別の大学などに移ることも、難しくなります」

「それは困ります。やむを得ません。私の言い分を裁判所に聞いていただきたいと思います」

ということで、甲教授は仮処分を申し立てることとなった。

停職処分停止（地位保全）の仮処分

この裁判は、債権者が甲教授、債務者が大学学長となり、停職処分が重すぎるので、取消の裁判をする前に、仮にその処分を止めてくれ、というものだ（図1）。ネット検索するとすぐにわかるが、この種の裁判はかなり多い。教員側からすると、少し説教しただけのつもりでも、昔話をしただけでも、パワハラになることもある。私も教員なので、気をつけなけ

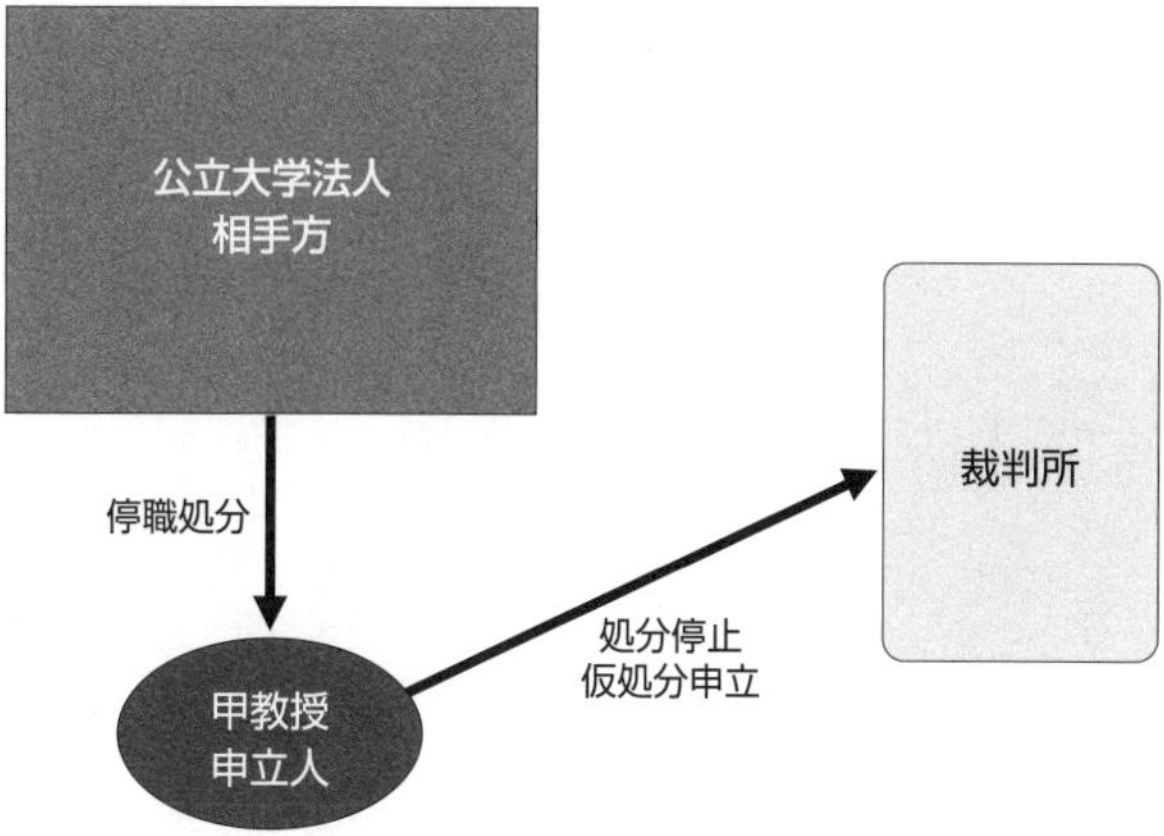

図1　ハラスメントの関係図

ればならない。

仮処分は、正式な裁判をする前の仮の手続だが、実際にはこれで勝負がつくことが多い。最近の有名な事例としては、日本テレビのアナウンサーの内定取り消し問題があった。裁判だと判決が出るまでに長い年月がかかるので、翌年4月の入社に間に合わない。そこで、内定者の「地位保全の仮処分」を行ったのだ。結局、和解が成立し、日本テレビはアナウンサーの入社を認め、彼女は普通にテレビに出演している。

本件は、大学が下した「停職2カ月」という処分が妥当か否かというのが争点だ。より正確にいうと、甲教授の行為がパワハラにあたると判断した理由は正しいか、だ。すると、大学が下した処分の基となったハラスメント委員会の判断が重要になってくる。

甲教授は、ハラスメントとされた行為の背景、その行為がハラスメントにあたるか、何よりその判断の根拠が曖昧だ、という主張をした。大学側は、今回の処分は、過去の例と比べて妥当な判断だと主張する。問題はその根拠である。大学がなぜ停職2カ月の判断をしたかについて、ハラスメント委員会の議事録などを提出させた。

議事録では、いつのどの行為がパワハラかという認定は、はっきりと議論されていなかった。申立人である丁助教の言い分、勤務実態、診断書に対して、この状況はひどいという同情論が多かった。甲教授も面談を受けているが、その内容は、ハラスメント委員会の審議では、あまり協議されていない。その上で、ハラスメント委員会は「処分相当」という判断をしていた。なお「付記意見」として、甲教授が産学交流に熱心に取り組んでいたことが、触れられている。

その後、ハラスメント委員会の答申に基づき、大学の人事委員会が「停職2カ月」の処分を甲教授に科した。人事委員会の記録には、短く「前例に従い、停職2カ月が相当」であるという処分決定の理由が書かれていた。

裁判では、甲教授のどの行為がハラスメントに該当するのか、という点が争われた。丁助教に対しては、メールによる「試作品の製作の指示」はあったが、丁助教を誹謗中傷したり、立場を利用した発言（「試作ができないと就職に関わる」）などはなかった。ただし、丁助教が相当長時間研究室で製作にあたっていたことは、大学側の証拠（パソコンのログイン記録）で明らかになった。

甲教授も裁判に出席して、上申書（あらかじめ甲教授の言い分を裁判所に伝えるため、発言の要旨を書く文書）を提出し、丁助教らへの謝罪と、貢献への謝意を述べた。本件では、産学交流における会社側のプレッシャーが大きく、それが影響したこと、さらにこの制度の矛盾なども述べた。大学側は「それは本件とは無関係」という反論をした。

過去の大学内のハラスメントに関する裁判例を分析すると、一つの傾向がある。それは、ハラスメント委員会の報告書が、事例をよく検討していれば、裁判官はその内部には立ち入らず、手続のみを検討対象とする。逆に、あまり客観的に検討されていなければ、裁判官は自分で証拠を見て、実際にハラスメント行為があったか否かを認定する、というものだ。

本件のハラスメント委員会報告書は、丁助教の申出に影響されて（丁助教への同情論が多く）、甲教授のハラスメントの事実認定が非常に曖昧だった。そこで甲教授側は、その点を繰り返し主張した。大学側の弁護士は、きちんと判断されたと反論したが、次第に堂々巡りの様相を呈するようになった。

前述のように、ハラスメント委員会には、刑事裁判と異なり、物的な証拠（ハラスメントをしたという物証）を提出したり、当事者が反論をしたり、証拠を認定したりする手続は存在しない。これは多くの大学に共通する問題だろう。つまり何がハラスメント行為か、証明が不完全だということだ。甲教授側は、その点を繰り返し主張した。

数週間の審議ののち、裁判所からは「ハラスメントはあったが、甲教授のどの行為がハラスメントか、曖昧なまま処分をした」という判断（心証という）が出された。同時に、停職は重すぎ、戒告相当（地方公務員法第29条に基づく警告）という和解案が提示され、大学・甲教授側ともに同意した。甲教授に有利な判断が下されたので、私もほっとした。裁判の結果を踏まえて、甲教授は大学と協議をすることになった。

その後、甲教授の処分は、裁判所の和解通り戒告に軽減され、甲教授は職場復帰を果たした。甲教授には、遡って2カ月分の給与が支払われた。

甲教授は、再び元の研究生活に戻れると思われたが、丁助教は休職中、院生は他研究室へ転籍し、学部生の応募もなかった。これでは研究室を運営できない。

甲教授は、企業に出向き、事情を説明して、１社を除いて共同研究を中止した。残った１社については、既にデータをほぼ取り終わっており、あとは論文にまとめるだけだった。その企業には、専任の研究員もおり、大学のマンパワーを必要としない。甲教授は、その研究員と連名で論文を書き、学術雑誌に投稿した。甲教授は、その後しばらく一人で研究を継続して、一区切りを付けた。

翌年、甲教授は大学に辞表を出し、地方の私立大学に転籍した。裁判で実質勝訴した事実は大きかったが、現在の大学では、共同研究企業とトラブルを起こし、共同研究数を減らしたという評判が消えなかった。甲教授の転籍は、第１章で取り上げた「**性善説的な**」**学会活動の成果だ。**私立大学の理系学部は、甲教授のこれまでの業績を評価して、採用したのだ。

丁助教は、休職期間満了で退職した。その後健康も回復し、幸いにして研究員のポストが見つかったという。甲教授と私は、丁助教が研究を継続できることに、心から安堵した。任期付の助教という立場については、第３章でも再び取り上げる。

こうして、元の甲研究室は解散してしまった……。

研究者にもメリットがある契約

大学のハラスメント委員会は、教職員の身分に関する重い決定をする組織だ。ムードや被害者感情だけで判断するのではなく、ハラスメントに該当するのか、事実（証拠）に基づいてきちんと判断しなければならない。

本件では、産学交流において、それぞれが一生懸命任務をこなした結果、不幸な結末を迎えてしまった。こういうかたちで、院生ら若手研究者の将来が断たれたとしたら、痛恨の極みだ。幸いにも、丁助教は次の職場が見つかったが、いつも上手くいくとは限らない。

繰り返すが、共同研究の全てが悪いわけではなく、**企業と大学研究者が公平な契約をする**ことが重要だ。公平とは、当事者の合意に基づき、対価に見合った実行内容と義務、そしてその見返りが存在することである。契約書に具体的な義務を書かずに、あとから一方的に内容を追加することや、契約書に記載のない院生や学生にまで作業を負担させることは、完全にアウトだ。助教や院生も独立した研究者であり、その貴重な時間を使うなら、予め相応の待遇と作業時間の上限を決め、自分の意思で契約できるようにしなくてはならない。それでは企業にメリットがないというなら、そのような共同研究は進めるべきではない。大学は下請けではない。

共同研究のトラブルは、中小企業だけでなく、大企業が相手のときでも起こり得る。たとえば、ある鋼材会社は、伝統的にある分野の研究者複数名と共同研究契約を結ぶ。研究費は一人あたり年間50万円だが、作業量が多い。それも「来週までに○○の実験データをまとめておいて」とか「プレゼンに必要なデータ、まとめておいて」など、無理難題ばかりだ。

ある若手教員が、あまりの負担の多さに「来年度契約更新はしない」と告げたところ、担当者から「そんなことをいっていいのですか？」という返事が来た。ものの1時間もしないうちに、出身大学の名誉教授から電話がかかってきて、「君は私の顔を潰すのか！」と怒られたという。若手教員が共同研究を断るのは難しい。

なお、私も若い頃にいくつか研究助成を受けたが、文系はそこまで負担が重くなかった気がする……。

３、教員が陥る落とし穴

ここまで、共同研究契約に関し、企業が研究者を利用するような事例を見てきた。ここからは、研究者自身が陥りやすい「落とし穴」を取り上げたい。

念願の顧問契約、実態は？

甲教授の同僚である庚《かのえ》教授は、数年後に63歳の定年を迎える予定だ。しかし、次の職場（定年が70歳の私立大学など）に移る予定はない（少子化で、第二の職場の確保は年々厳しくなっている）。まだ子どもが高校生なので、この先の学費を考えると頭が痛い。

庚教授の専門は、タービンの燃焼効率に関する研究だ。庚教授は共同研究にも熱心で、複数の企業と契約している。特に機械会社である辛《しん》会社とは、数年来の契約を結んでいる。辛会社は、新型のタービンを用いて、石油による燃焼効率を上げる大型機械の開発を計画している。そのための測量機器は庚教授の研究室にしかないので、辛会社の担当者は、その測量機器目当てで、毎日通ってくる。

一方で割を食っているのが、庚教授の研究室にいる学生たちである。研究のため、学生がその機器を使いたくても、辛会社の担当者がほぼ独占しているのだ。

「庚教授の共同研究のためかな」

学生たちは、あきらめ顔だ。

庚教授は、辛会社から、技術顧問契約を持ちかけられている。毎月10万円で、技術の相談と試作品の製作を行うという内容だ。技術の相談とは、石油タービンの燃焼効率に関する実験とデータ収集だ。

「庚先生、当社の顧問になりませんか。毎月固定の顧問料をお支払いします」

「何をすればよいのでしょうか？」

「庚先生は、他にも共同研究をされていてお忙しいですが、当社の依頼を優先的に取り扱っていただければ」

「わかりました。よろしくお願いします」

庚教授は、辛会社と技術顧問契約を締結した。もちろん大学の許可を得ている。辛会社のホームページでも大きく公表された。ここまで手続に問題はない。

庚教授には、定年後も辛会社で技術顧問を務め、あわよくば大学に研究所をつくり、特別教授になりたい、という希望があった。しかし現実は非常に厳しい。

辛会社からは、毎週かなりの分量の仕事を依頼される。データの収集、会議への参加、試作品の製作、会社でのプレゼンなどだ。さらに、社内研究者との共著論文の執筆なども、1度や2度ではなかった。そこに、特許出願の事務処理も重なる。庚教授は、正直、毎月10万円の報酬額では仕事量に見合わないと感じていた。

さらに、辛会社の担当者が大学に来て、タービンの測定機器を連続で使用し、院生らの研究に支障が出てきた。庚教授は、辛会社の依頼に一人で対応できないときは、院生や学生の力を借りた。院生らは無償労働だ。

これでは仕事がまわらないと思い始めた矢先、辛会社の担当者から次のような依頼があった。

「庚先生、ご承知の通り、今度当社から新製品が出ます。何とか大学で購入いただけませんか」

「大学には資金がありませんが……」

「外部の研究費を取得するか、他の研究費で買えませんか。私の営業成績にもなります。庚先生の来年度の契約更新にも関わってきます」

「……」

「実績を積めば、当社の顧問または特別研究員として雇用契約を結ぶことも可能です」

定年を数年後に控えた庚教授には、他に選択肢はない。年金だけでは子どもの学費に足りない。

庚教授は、大学の機器費用（校費）、他の研究費、特別の補助金などを利用して、辛会社の石油タービンの新製品と付属部品を購入した。ＴＬＯ等とも相談して、付属部品を別の製品として、しかも１００万円以下に抑えて、入札にかからないようにした。合計１０００万円弱の契約だ。

納品された新製品は、確かに性能はよいが、やや安定性に欠ける。庚教授は、研究室で利用するためには改良が必要だと感じた。そこに辛会社の担当者がやってきた。

「庚先生、この度は誠にありがとうございました。弊社の上層部も大変喜んでおります。これからもどうぞよろしくお願いいたします。ところで、弊社の製品はいかがでしょうか」

「スピードは速いのですが、やや安定性に欠けます。おそらく何点か改良が必要かと思います」

「承知しました。恐縮ですが、その点をデータとともに会社宛のレポートとしてご提出いただけませんか。貴重なデータですので、有効利用させていただきます。会社としてもありがたい限りです」

「わかりました」

「ところで庚先生、来週の空いている時間に、私とクライアント先にご同行いただけませんか？　今回の機器を導入するか迷っている企業様があります。庚先生から使い方をアドバイスしていただき、購入の後押しをしていただければ助かります！」

辛会社の担当者は上機嫌で帰って行った。庚教授は、辛会社に取り込まれていく薄気味悪さを感じていた……。はたして庚教授の技術顧問契約や行動に問題はないのだろうか？

顧問契約と背任罪

今回の庚教授の契約関係は図２の通りだ。庚教授は大学と雇用契約を結んでいるが、同時に辛会社と顧問契約（委任契約：労働法の適用がなく、社会保険も適用されない）を結んでいる。問題は、大学と辛会社の間に取引があることだ。

具体的にいうと、庚教授は大学の資金や他の共同研究先の資金を使って、辛会社の商品を買った。庚教授は大学の職員なので、**本来なら大学の利益を優先しなければならない**、しかし、辛会社の石油タービン設備の取引では、大学の利益を犠牲にして、辛会社の利益を優先している。これは刑法２４７条の「背任罪」に該当する。

背任とは、庚教授の例でいうと、本来は、勤務先である大学の利益を優先させなければならないところを、自分または第三者（辛会社）の利益を優先させて、大学に損害を与えるこ

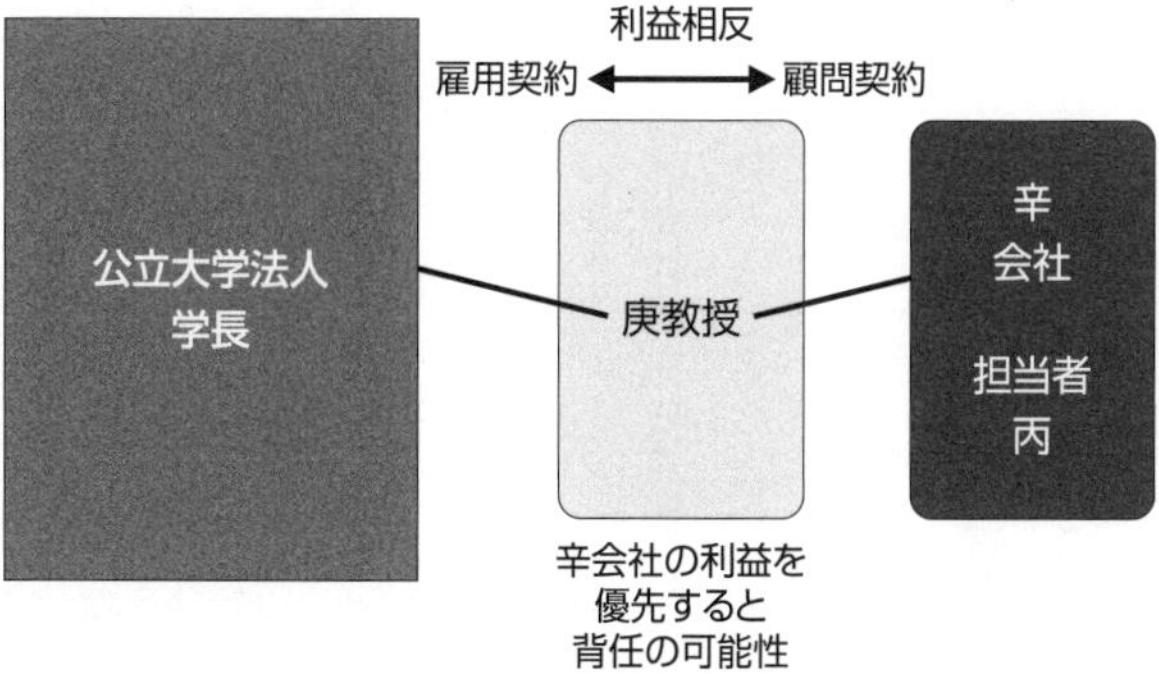

図2　庚教授顧問契約

とだ。定年後の再就職のためとはいえ、庚教授の行為は軽率だった。

　共同研究の中には、庚教授が要望された営業の補助だけでなく、第3章で取り上げる大学発ベンチャー企業として補助金を得たり、研究名目で補助金を取ったりすることをノルマとするものもあるという。

　また、顧問契約は労働法によって保護されず、対価の割に業務量が多すぎる例が散見される。前述したように、知名度が高い大企業が、若手の研究者を囲い込んでさまざまな業務を依頼する事例もある。年間50万円程度の研究費で「こき使われる」のは問題であり、やはり、負担に見合った対価が必要だ。まして、顧問先企業と一緒に、取引先へ営業にまわることが共同研究といえるだろうか……？

仮に研究費であっても、一旦は大学に入金される資金であり、会社の言い値で材料や装置を買わせることは、背任の可能性がある。さらに、ある会社の研究費のために、他社の共同研究費や大学の他の予算を使えば明らかに背任だ……。

次に、実際に刑事事件となった例を紹介する。

逮捕された元教授の話

２０１７年７月11日付けの「産経新聞」によると、耐震学を専攻する大阪大学大学院Ｋ元教授が、収賄と背任の罪で逮捕・起訴され、懲役３年、執行猶予５年、追徴金（Ｋ元教授への罰金刑の一種）１２８８万円の有罪判決が下された。

収賄とは「ワイロ」を受け取ったということで、２０１２年から２０１６年にかけて、大学には無断で実施した共同研究におけるデータ提供の見返りとして、指導料の名目で中堅ゼネコン数社から１２８８万円を受領したという。さらに、大学に１５７０万円を支出させ損害を与えたとして、背任容疑で再逮捕されていた。

企業側は、Ｋ元教授が耐震性能に関する学界の権威であり、Ｋ元教授のお墨付きを得ることが新製品、または自社製品の評価につながるため、お互いにメリットがあったという。そのため、企業側はK元教授の意向に逆らうことは難しかったとされている。

K元教授は、大学を懲戒解雇となった。

本章で示したのは、K元教授のように研究が製品に結びつき、経済的なメリットが大きい事例だけではない。第1章で、特許は千三つという話をしたように、全ての研究が製品を生み、大きな利益につながるわけではない。しかし、共同研究の構造は同じなので、横領や背任はもちろんのこと、直接企業と接点がある以上、研究者はコンプライアンスには十分留意すべきだ。晩節を汚したK元教授は、悔やんでも悔やみきれないだろう。

本章の例からわかる通り、大学の研究者が、いたずらに企業とつきあうことは共同研究ではない。互いの研究を深め、大学の持っている技術を実用化するためのメリットのある研究活動が必要だ。やみくもに件数のみを伸ばしても意味がない。

近年、大学におけるハラスメントの問題が大きく注目され、学生等の権利も認識されている。これまでの研究室運営が適切だったか、各教員だけでなく、大学も考えるべきだろう。

【第2章のまとめ】

1、共同研究契約は、当事者間で公平な内容にすべきだ。わが国の契約書例は、あまりに簡便すぎ、リスクを反映していない。実態を反映させ、当事者をきちんと明示して、院生らを使うならば、有償で、上限を決めるべきだ。

また、現状の契約書は、担当教授や院生らが担当者になっていない点で問題がある。実態に即した契約書を締結すべきだ。

2、企業側からすると、投資をしているわけだから成果を出してもらいたい。ならば、その成果を予め契約書に記すべきだ。しかし研究なので、確実に成果が出るとは限らない。その点を踏まえて、個々の事案でリスクをきちんと反映した契約書を作成すべきだ。

3、共同研究数や研究費をいくら取ったかを業績とすることは、営業が本業でない研究者には難しいであろう。専門家のコーディネートやサポートが必要ではないだろうか。本来共同研究は、企業と大学および研究者それぞれのメリットがある契約でなければだめだ。研究者は独立の当事者として、企業および大学と契約する必要がある。

４、大学教員も、共同研究先との関係によっては、背任罪に問われるなどのリスクがあることを認識する必要がある。また助教や院生等に対するハラスメントには、十分留意すべきだ。研究室に所属する学生を、同意なく研究のための労働力とすることは、今後難しくなるのではないか。

第３章　大学発ベンチャー企業とポストドクター

本章で取り上げるのは、大学発ベンチャー企業に研究員として雇用されているX研究員からの相談だ。序章で簡単に触れた相談内容を振り返っておこう。

２０１９年末、私のところに相談に来たX研究員は、国立大学の大学院博士課程を経て、博士号を取得した若手の研究者だ。まだ30代前半。専門は、微生物に関する分子生物学の研究らしい。X研究員は、大学の知人の紹介で今の会社で研究職をしている。問題は、雇い止めだ。有期雇用に転換されなければ、失職してしまう。しかも話を聞いてみると、単純な労働問題ではなかった……。大学院を修了した元院生（ポストドクター。詳しい定義は後ほど行う）の待遇と就職の問題も含まれる。

本書の第1章は、就職したての若手研究者（専任講師）と共同研究の話、第2章は、共同研究と研究室をめぐる院生と助教という若手研究者の話、そして第3章は、ポストドクターの話が中心だ。これで、専任講師、院生、助教、ポスドクなど、若手研究者の問題をひと通り見ることになる。もちろんその中で、シニアの教授クラスの研究者や、退職を控えた教員等が陥りがちな問題も指摘した。

さらに本章では、産学共同の一つとして、大学発ベンチャー企業という特殊な会社について分析する。文部科学省の予算という点で、ここまで説明してきた産学共同と共通の問題があるからだ（なお、本章の予算に関する財政学的な記述は、専門外のため多少の推測も含まれる点、ご海容いただきたい）。

大学院は出たけれど……

ここでもう一度、ポストドクター制度について振り返っておこう。

大学院生が、博士課程修了後、博士号（単に「学位」ということが多い）を得ながら、正職員（正規雇用）としての研究職に就いていない状態を「ポストドクター（略称ポスドク）」

と呼ぶ。

ポスドクの多くは、大学での研究職を希望している。しかし、平成時代に博士課程が増設されたが、大学のポストが増えなかったので、正職員として就職できないポスドクが増えた。

その理由の一つは、専門の問題だ。研究職のポストの募集は、たとえば「教員（助教・講師）募集（分子工学分野）」という形で行われるので、専門分野が違うと、原則として応募できない。論文など業績審査があるからだ。つまり、たとえば同じ生物学（設例があまりにも素人っぽいが……）で、植物学のポストが空いていても（実は植物学はものすごく競争が激しい）、動物学を専門とする研究者は、専門が違うため植物学の審査にはかからない。

専門領域によっては、50歳を過ぎたポストドクターがたくさんいる。ポストが空かない研究分野が結構あるのだ。その分野では、普通に待っていても、正職員として大学教員のポストに就くことは難しい。

念のため、ここで大学院の課程を見ておこう。大学は、学部4年を卒業すると「学士（○○）」となる。○○の中には、それぞれの専門が入る。たとえば「学士（法学）」「学士（理学）」というような形だ。その後、修士課程（通常2年）に進学する。理系学部は、学部4年生で研究室に配属され、卒業論文のための指導や実験が行われる。

ただ、研究室に配属されて1年だけでは、研究の基礎的な手法を身につけるのは難しい。そこで理系の大学や学部では、学部を卒業して、大学院の修士課程に進学する者の割合が5割を超える。学部4年生は、夏頃に大学院修士課程の入学試験を受け、合格すると、通常、そのまま所属している研究室で研究を継続する。

大学院に入学すると、講義のコマ数はぐっと少なくなる。修士課程で取るべき単位は30単位程度で、あとは論文指導だ。論文指導は、通年4単位（週1コマ）が基本だ。他に、実験技術を身につけたり、自分の研究をしたりするほか、研究室の先生の研究を手伝ったり、先輩から実験の仕方を教わったりもする。第2章で見たように、院生になると、自分の研究以外に、所属する研究室の研究や企業との共同研究で、毎日研究室に通う者も多い。もちろん、ほぼ無休・無給だ。

修士2年で、修士論文を完成させると「修士（○○）」の学位が得られる。○○の中に専門が入るのは学士と同じだ。理系の院生は、多くの場合、修士を修了してから企業に就職する。修士号を取得すると、大学院卒ということで、初任給は学部卒より2万～3万円高い。さらに企業の研究所で研究員になるためにも、修士の学位は必要な条件だ。修士課程で実験の技術などを身につけ、そのまま企業の研究室で働いてもらった方が企業にとっても都合がよい。

余談だが、飛び級制度を持つ大学では、学部3年生、修士1年間で、修士課程を修了することが可能だ。そうなると、最短22歳で「修士（〇〇）」の学位を取得することとなる。俗に、神童と呼ばれる学生がたどるコースだ。

昔、話題になった書籍に『大学教授になる方法』（鷲田小彌太著）があった。その中に、大学教授になるための超特殊なルートとして、「大学を卒業しないで、教授になるコース」という項目があり、例として、植物学者の牧野富太郎博士（大学を出ないで東大の講師となった著名な学者）が挙げられていた。今では、こういう人を芸術分野（書道、絵画、デザインなど）でたまに見かける。しかしこれは、一般の理系や文系などでは超困難なルートだろう。

なお、法学系の学部では、学卒助教という制度がある。東京大学や京都大学など法学の名門校では、学部を卒業しただけで（今は法科大学院修了という要件もあるらしいが）助教（という先生）になれるのだ。制度の恩恵に与れるのは、学部の成績がトップ5%以内という話だが、私には縁がない世界なので、詳細はわからない。

話を戻そう。

修士課程修了後、本人の希望があり、かつ入学試験に合格できれば、大学院生は博士課程に進学する。実はこの段階で、院生はさまざまな人生の選択をしている。博士課程に進学すると、進路の幅がぐっと狭くなる。事実上、民間企業などへの就職をあきらめることになるからだ。民間企業が重視するポイントは、残念ながら専門性ではなく、人柄やコミュニケーション能力なのである。もちろん例外はあるが、民間企業の研究所などでは、博士の学位を持つ院生の求人は少なく、博士の就職先は大学や一部のシンクタンクなどに限られる。それを反映してか、２０１６年度の博士号の取得者は約１万５０００人となり、10年前から10%以上減った。日本では低学歴化が進行しているわけだ。

なお、日本では「高偏差値大学」の卒業生を「高学歴」と称するが、不正確だ。本来、高学歴とは、大学院博士課程を修了し、博士号を持つ者を指すのだ。

諸外国では事情が異なる。

たとえばＧＡＦＡと呼ばれるグーグルなどの巨大ハイテク企業に入社するには、修士号か博士号は必須だ。もちろん高学歴であればあるほど高収入となる。たとえばアメリカで、特定の分野の博士号を取得すると、平均年収は１・６８倍となる（文部科学省の資料。「日本経済新聞」２０１９年12月８日）。しかし、日本で博士号を取得すると、企業に入れないだけでなく、高学歴ワーキングプアの可能性すらある（！）。

博士課程の入学試験では、修士論文の口頭試問（論文に対する質疑応答）がある。だから、修士論文の指導教員がそのまま博士課程の試験委員となる方が有利だ。こういう点から、修士課程から博士課程に進学する際には、指導教員である教授や准教授の意向が大きく反映するといえる。

博士課程では、専門性を高めるため、より高度な研究をする。いいかえると、研究の一般性が低下し、企業などでの研究には向かなくなるわけだ。

博士課程に入ると、大学院生はドクター（の院生）と呼ばれ、研究者の卵として、専門雑誌に論文を投稿したり、学会で口頭発表をしたりして、研究活動に従事する。これらは全て研究業績となるので、ドクターの院生はひたすら研究に集中しなければならない。

博士課程の３年間の年限の中で、ドクターの院生は博士論文の執筆に取りかかる。その際には、指導教員の指導が非常に重要だ。それは、実験の仕方から始まり、論文の書き方、その際の引用の仕方（本来、修士論文で身につけるものだが）まで、指導は多岐《たき》にわたる。ドクターの院生にとっては、この時期は緊張の連続であり、正念場だ（第2章参照）。

中には3年間で博士論文が完成せず、4年、5年とかかるものもいる。大学には「2倍ルール」というものがあり、「裏表」合計6年間在籍できるが（3年×2）、とても辛い。奨学金などは正規の3年で打ち切られ、学費だけは毎年かかってくる。その分年齢も重ねるし、30歳を過ぎて無職の日々が続くのは、相当のプレッシャーだ。

博士の学位を取得するには、執筆した博士論文が受理され、最終の試験（口頭試問と外国語の試験）にパスし、大学院の教授会での決議を経なければならない。その場合、主指導教員（いわゆるボス）は主査として口頭試問の審査員となる。

そもそも論文を提出する際には、主指導教員の印鑑というか合格（認定）が必要だ。これがないと、博士論文として審査の前に受理されない。これが第2章で触れた指導教員の権限だ。しかも、博士課程を修了したあと、大学などに就職を希望するときには、指導教員の推薦状が不可欠だ。博士課程に進学したドクターの院生にとって、指導教員の指示がいかに強力か、おわかりいただけただろう。

なお、文系の博士課程には「単位取得退学」という不思議な制度がある。「指導教授認定退学（勝手に退学したわけではない）」ともいう。3年間で博士論文が執筆できなかったので、博士号はもらえないが、「博士課程の単位は取得しましたよ」と指導教授が認める制度だ（実は、いろいろな事情がある。ジャーナルなどに何本も論文を投稿している院生もいれば、ほとんど研究活動をしていない院生もいる。文系では昔、大博士主義といわれ、博士号が研究者のゴールだった）。なぜこのような制度があるかというと、大学の教授・准教授の応募資格は「博士号の学位を有するものか、これに準じるもの」とされているからだ。

理科系の博士号は、研究者としてのスタートラインだが、文系では教授になってから、研究生活の集大成として今までの業績をまとめた論文集などで博士号を取る人もいる。ただし、最近は文科省の指導で、文系も3年間でそれなりの論文を書けば、博士号を出す大学院が増えてきた。状況はケースバイケースだ。

博士号には、他に論文博士という制度もある。これは、博士課程を修了したあとに博士論文を提出するコース（課程博士という）ではなく、特に優れた論文の場合、博士課程を修了していなくても、論文と口頭試問だけで博士号を取得できる制度だ。ただし、今後論文博士はあまり増やさない方針だという。

ドクターの院生が博士論文を提出し、口頭試問にも合格して教授会の審査を通れば、晴れて「博士（〇〇）」になる。〇〇には博士号の科目が入る。たとえば「博士（理学）」というように。

ポスドクとは何か？

大昔、「末は博士か大臣か」という言葉があった。出所ははっきりしないが、どうも菊池寛のことを描いた映画のタイトルらしい。かつて博士号は、大臣並みの希少価値があったのだ。しかし現在では、博士号を取得しても、大学などへの就職は厳しい。

ある院生が、博士課程を修了して3年以内に博士論文を執筆し、博士号を取ったとする。ここまでは順調だ。前述の通り、博士課程を修了するのに5～6年かかる人もいる。しかしそこまでしても、博士号取得後、ただちに大学に正社員として就職できる人はかなり希《まれ》だ。このように博士号を取得したが、正社員として就職せず（できず）に研究を続ける人がポストドクターだ。

ポストドクターの多くは、任期付の（契約社員的な）助教や研究員のポストに就くことに

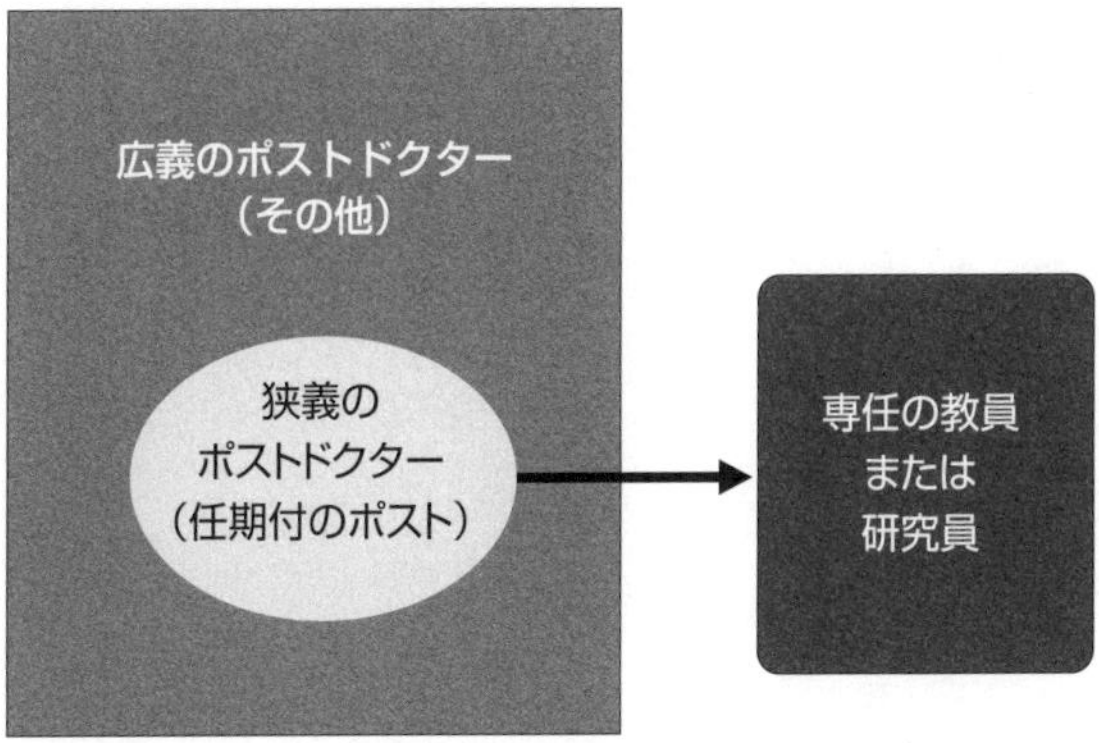

図1　広義のポストドクターと狭義のポストドクター

なるが、非常勤講師などのアルバイトで生計を立てる人も多い。

本書では、ポストドクターの定義を狭義と広義に分ける。狭義のポストドクターは、大学院を修了し、博士号を得て（博士課程を修了して）、任期付のポストなどに就いた人、他方、広義のポストドクターは、任期付のポストに就かず、非常勤講師やアルバイトなどで生活する人を指す。言い方を変えると、任期付のポストが見つからなかったポスドクともいえる。

狭義のポストドクターの中には、大学の教員（正規職員）を希望しながら、企業の任期付の研究員になる人もいる。これが本章で出てくるXさんだ（図1）

たくさんポスドクがいる研究分野で、大学が教員を公募（公に募集）すると、募集1名の枠に数十人の応募がある。採用確率はかなり低い。予め候補者が決まっている出来レースでない限り、宝くじに当たるようなものだ。何度も公募に応募して落ち続けると、人生、「お先真っ暗」になる。履歴書を何回送っても、「この度は、ご縁がなく……」という返事が来るか、無視されるのは辛い経験だ。

いつの時代も、子どもに「将来なりたい職業は何か？」と尋ねると、研究者という答えが上位に来る。しかし現実は、博士号を取っても、正規雇用の研究者職に就くのは厳しい。分野によっても異なるが、狭き門だ（ポスト自体がないと、はじめから無理な場合もある）。

広義のポストドクターの就職

こんなことを考えながら、私はXさんに話を聞いた。

「Xさんは、はじめから今の仕事を希望したのですか？」

「いいえ、違います。もちろん、博士号を取得したあと、大学での仕事を希望しましたが、全く正社員の就職口がありません。日本学術振興会の特別研究員（いわゆる学振のＰＤ。修了間近の院生は、学術振興会の特別研究員に応募する。審査の末、採用されると、ポストドクターは特別研究員になり、毎月学術振興会から給与が支給される。ただし最長3年というような任期の縛りがあり、その間に正規職員のポストを探すのだ。義務は特になく、前の大学にそのまま所属し、ひたすら研究をしながら正規職員のポストを探す）や任期付の助教の職もないので、仕方なく……。博士号を持つ先輩もたくさんいて、大学の正規雇用の研究者（専任講師以上のポスト）になるのは、なかなか厳しい状況です……」

「今の仕事は、どうやって決めたのですか？」

「研究室の教授からの紹介で、同門の先生が大学発ベンチャー企業を立ち上げたから、行かないかと言われました。私は結婚して子どももいるので、働かないといけませんから」

「すぐに決まったのですか？」

「『人手不足なので、すぐに来てくれ』ということで、すんなり決まりました」

　大学発ベンチャー企業も、人手不足らしい。もっとも、ポストドクターの方の就職が決まったのであれば、めでたいはずだが……。大学発ベンチャー企業の実態は、通常の企業とはかなり違うものだった。

研究業務受託企業

「Ｘさんは、大学発ベンチャー企業で、何をしているのですか」

「基本的には大学の研究室と同じです。実験のデータを取ったり、委託研究をしたりしています。もっともあまり興味のある分野ではありませんが」

「実験をしているのですか？」

「はい、大学院生のときに身につけた技術が役に立っています」

「実験の技術ですか？」

「学部４年生から研究室に入ったので、院生から実験の仕方を教えてもらいました。これが今も役に立っています。企業には、実験方法を理解されていない方が結構おられます。実験を進めるにあたっては、企業の方からずいぶん頼られています」

「研究者としての訓練が役に立ったわけですね？」

「そうです。でも大学への就職は難しいですが……」

実験系の研究室では、研究者の基本として、実験の仕方やルール、実験ノートのつけ方などを教わるという。そういえば、世間を騒がせたＳＴＡＰ細胞のＯさんは、実験ノートのつけ方をきちんと習っていなかったという話があった。そういう背景があるので、実験のスキルをきちんと身につけたXさんには、いろいろな依頼があるのだ。

ただ、落とし穴もある。

「ご自分の研究は進んでいますか？」

「結構仕事が忙しくて、自分の研究をする時間はありません。このままではいけないと思っているのですが……」

「今は、他社の委託研究の実験のみ、やっているわけですか？」

「そうです。自分の研究は予算がなくてできません」

「論文などはいかがでしょうか？」

「全く書けません……。当社は、大学発ベンチャー企業ではありますが、私の指導教授の友人である教授が役員になり、補助金などの助成を受けています。やっていることは、研究室での作業とあまり変わりません」

「他社の実験をするのですか？」

「はい、自社の研究開発のほか、大学や企業の研究所から、実験のデータが欲しいという依頼があり、有償で請け負っています」

「依頼してきた研究所などは、自分たちで実験をしないのですか？」

「自分たちで実験器具を揃えるよりも安上がりだそうです。研究所も人手不足とかで、大変なようです」

「なるほど、実験データの著作権はどうなっているんでしょうか？」

「はあ、よくわかりませんが、実験の指示は上司や研究所から来るので、我々はその指示通りに実験をして、データを取ることが仕事です」

「なぜ企業などは、自分で実験をしないのですか？」

「企業の場合、新製品の開発が主な仕事なので、そのデータを取ることが我々の仕事です。当社は分子生物学が主な対象ですので、食品のデータとかが多いです。他に動物実験の受託や遺伝子解析を行う会社もあります」

「大学からの依頼もありますか？」

「たまにあります」

「大学も自分で実験をしないのですか？」

「企業との共同研究を引き受けたけれど、研究室で対応しきれない場合に、下請けに出すようです。詳しいことはわかりません。こういう仕事ばかりだと、自分の研究ができないし、オリジナルの商品もできません。自社の研究開発をしたいのですが……」
「そちらは、できないのですか？」
「自社の研究開発は、資金がかかるので、補助金（競争的資金の意味）が取れないと、できません」

大学で実験をしないというのは驚いた。実験ができる技術者という点で、ポストドクターの方には需要があるということだ。X研究員の会社（株式会社ウンターネーマーチューム）は、大学発ベンチャー企業とされているが、研究に基づく特許などで商品開発を行ったり、特許に基づいた技術を売却したりするだけでなく、大学などから研究業務を受託しながら、売上を上げているようだ。我々が普通に想像する大学発ベンチャー企業とはイメージが異なる。

以下、詳しく見ていこう。

大学発ベンチャー企業とは何か？

日本大百科全書によると、大学発ベンチャー企業とは「大学の教員、研究者、学生が、開発した技術を用いて事業化する企業のこと」とされる。

種 類	2016年	2017年	2018年
(1) 研究成果ベンチャー	1,107	1,238	1,341
(2) 共同研究ベンチャー	166	191	218
(3) 技術移転ベンチャー	73	78	95
(4) 学生ベンチャー	387	436	467
(5) その他	113	150	157
合 計	1,846	2,093	2,278

(出所)「平成30年度大学発ベンチャー調査 調査結果概要」2019年5月　経済産業省 産業技術環境局 大学連携推進室

図2　大学発ベンチャー企業の分類（数字は企業数）

同書の説明を細かく見ると、①教員等が自ら会社設立して役員となり事業化するもの、②教員らが技術を特許化して大学やTLOに登録し、学外の企業に実施許諾（ライセンシング）を行い技術移転して事業化するもの、③大学研究者と企業との共同研究の成果を企業が事業化するもの、④教員等が企業に対して技術指導を行い、事業化するものなどに分けられる。

図2は、経産省による別の分類方法だ。

（1）から（5）の中で、特に重要なのは（1）研究成果ベンチャーだ。これは「大学で達成された研究成果に基づく特許や、新たな技術・ビジネス手法を事業化する目的で新規に設立されたベンチャー企業」である。これが、本来の大学発ベンチャー企業といえる。

（2）共同研究ベンチャーは、創業者（会社を設立したもの）の持つ技術やノウハウを事業化するために、創業5年以内に大学と共同研究を行ったベンチャーだ。いいかえると、創業5年以内に大学と共同研究をすれば、共同研究ベンチャーに区分される。

（3）技術移転ベンチャーは、創業5年以内に大学から技術移転を受けたベンチャーで、教員はあまり関与しない。

（4）学生ベンチャーは、大学と関係がある学生（かつて大学院に在籍していた者など）が設立したベンチャー企業で、教員の研究が基になっているわけではない。

このように、大学発ベンチャーと定義されている5種類の企業のうち、4種類は本来の大学発ベンチャーではないことになる。

経済産業省の担当者に聞いたところ、助成の対象となる大学発ベンチャー企業は（1）だけだという。では（2）〜（5）の分類は何のためにあるのか？

ここからは推測だが、経産省が「平沼プラン」（後述）で掲げた「大学発ベンチャー1000社」という数字を達成するためにつくったのではないかと思われる。私が調べたところ、やはり（1）以外の企業には補助金は入っていない。

経産省「平成30年度大学発ベンチャー調査 調査結果概要」によると、上場（株式を証券市場で取引する）している大学発ベンチャー企業は64社あるという。ただ、その中で（1）研究成果ベンチャー企業が何社あるかは不明である。いろいろ統計はあるが、わからない。本来なら、補助金の対象となる研究成果型ベンチャーのみ統計を出すべきだろう。政策が成功しているというイメージを与えるため、大学発ベンチャーの定義に当てはまらない企業も、無理やり上場という成功例に含めているように思われる。

大学発ベンチャーとして、最先端技術の事業化が広く期待されるようになったのは、２００１年に発表された「平沼プラン」以降とされる。

「平沼プラン」とは、当時の小泉政権が掲げた「骨太の方針」に対応して、経済産業大臣であった平沼赳夫氏が、大学発ベンチャーを２００１年度から3年間で１０００社にするという「大学発ベンチャー１０００社構想」を盛り込んだ政策案である。

バブル経済の崩壊後、長期にわたる景気低迷を脱し、次世代を担う新産業を創出するため、大学発ベンチャーの育成が求められたのだ。つまり、経済を引っ張るために、成長力のある大学発ベンチャー企業を育成し、雇用を生むという（従業員を雇う）計画をつくったわけだ。

しかし「平沼プラン」が発表されてから20年近く経ったが、その成果はどうだろうか？

実際には、先に挙げた（1）「大学で達成された研究成果に基づく特許や、新たな技術・ビジネス手法を事業化する目的で新規に設立されたベンチャー企業」で上場している企業は非常に少ない。実際には、おそらく数社と思われる。

なぜ、このように実現が難しい政策目標が、決定されたのであろうか？

平沼プランの背景

繰り返すが、「平沼プラン」は小泉内閣の「骨太の方針」の一環として導入された政策だ。では、「骨太の方針」はどのように決定され、実行されたのであろうか。

「骨太の方針」は、アメリカからの「年次改革要望書」の影響を受けた政策といえる。「年次改革要望書」とは、1993年の宮沢―クリントン会談で合意され、翌年から毎年10月に提出されるようになった、互いの要望をまとめたものだ。ただし、アメリカ側の要求は実現に移されるが、日本側の要望はほとんど実行されていない。日本側への要望は、主にアメリカのワシントンDCにあるシンクタンクが集約して作成するという。その背景には新自由主義（ネオ・リベラリズム）の思想があるとされる。つまり、民営化と規制緩和で経済を活性化するという考え方だ。

なおアメリカでは、私の専門の「商法」でいうと、新自由主義的な考え方はやや後退して、規制緩和万能ではなくなっているが、日本は周回遅れで、これから浸透するように思われる。同じくアメリカの同盟国である韓国は、新自由主義を推し進めた結果、さらに格差が拡大しているという指摘がある。

アメリカから日本への要求は、通信、医療機器・医薬品、金融、エネルギー、流通、法律業務、競争政策など多岐にわたり、いわば国の制度自体の変更を求めるものだ。内政干渉といっても過言ではない。

年次改革要望書は、２００９年に民主党の鳩山政権時代に廃止された。

90年代の年次改革要望書の性格を理解するために、再び「商法」関連の要望を見てみよう。年次改革要望書に基づき、現在につながるさまざまな制度改革が行われた。

たとえば、アメリカ型企業統治（会社制度のこと）制度の導入や、外資系企業が日本企業を買収しやすくする株式交換型Ｍ＆Ａの解禁。さらには独占禁止法の罰則強化や公正取引委員会の権限強化である。これらは、外資系企業（主にアメリカ企業）が日本市場に参入しやすくするための改革ではないか？

年次要望書には他に、司法制度改革も盛り込まれていた。今後日本社会では、大幅に訴訟数が増えるので、外国法弁護士の参入を促し、訴訟社会に備えるというのが、その意図であった。

しかし私には、訴訟の数が増えた実感はない。統計によると、むしろ２００９年をピークに、新規の訴訟受件数（民事事件）は減っている（簡易裁判所訴訟が66万件から34万件、地方裁判所の訴訟受件数は24万件から14万件と減少した）。この数字には、コマーシャルでもおなじみの「過払金訴訟」も含まれているので、それを除くと、訴訟数は横ばいか微減だ。

さらに、日本に大きな影響を与えた年次改革要望書の項目としては、２０００年の大規模小売店舗法（大店法）廃止がある。それにより、ロードサイドなどに大規模店舗（トイザらスなどが有名だ）が多数つくられ、その結果、多くの小売店舗が廃業し、特に地方の商店街はシャッター通りと化した。

１９９９年には労働者派遣法改正で、人材派遣を自由化した。その結果、企業は人件費削減のため、必要なときだけ外部の人材を採用するようになった。派遣労働者が増え、現在では労働者の４割が非正規雇用である。これが、若い世代の貧困化、晩婚化等を引き起こしたとされる。

本書で示してきた通り、研究者もその影響を受けている。

小泉内閣による郵政民営化は、記憶に新しい。当然、この政策も年次改革要望書に基づいている。アメリカの保険会社が日本市場に参入しやすくするため、といわれている。

２０１９年に、日本郵政グループの一角であるかんぽ生命が保険の不適切な販売をしたとして大きな批判を浴びたが、これは郵政民営化の結果、郵便局で保険商品などが売られるようになり、過重なノルマなどが課せられたためである。

このように、新自由主義的な思想が入り込んだ年次改革要望書は、現在に至るまで、日本社会に重大な影響を与えている。その評価は難しいが、一概にプラスとはいいにくいだろう。新自由主義的な政策の旗振り役の一人だった中谷巌氏（元一橋大学教授）は、「日本のよいところがなくなってしまった」と述べている（中谷巌『資本主義はなぜ自壊したのか』）。

私はもちろん、安全保障の観点で日米同盟の意義を否定しない。ただ、経済的な面ではアメリカの影響が非常に大きく、この点については歴史的な評価を待たなければならないだろう。

本書のテーマである産学共同研究に関しても、アメリカの年次改革要望書や日本政府による構造改革、特に「骨太の方針」に基づく政策が大きな影響を与えている。

特例法と支援

次に、産学交流を実現するための、法制度を見ていこう（この項は、専門の方以外は飛ばしていただいて構わない。共同研究などを促進するために多くの法律がつくられたことだけご理解いただきたい）。

大学発ベンチャーが期待された背景には、大企業の研究開発費の削減がある。また、企業の研究のように効率性重視ではない、リスクの高い先端的な研究開発が大学に期待された。

さらに国立大学法人化により、それまで以上の大学の社会貢献や地域貢献が求められるようになった。法律的には、１９９８年の「大学等における技術に関する研究成果の民間事業者への移転の促進に関する法律（通称「大学等技術移転促進法」）、１９９９年の「産業活力の再生及び産業活動の革新に関する特別措置法（通称「産業活力再生特別措置法」）」により、教員等が開発した技術が大学に帰属することになり、技術移転の制度が整備された。さらに２０００年の「産業技術力強化法」によって、国立大学教員の兼業禁止規定の緩和などが進んだ。

そして、先端的な研究を後押しするためのさまざまな基盤整備が行われてきた。その一つ

（1）センター・オブ・イノベーション（COI）プログラム
（2）世界に誇る地域発研究開発・実証拠点（リサーチコンプレックス）推進プログラム
（3）産学共創プラットホーム共同研究推進プログラム（OPERA）
（4）イノベーションハブ構築支援事業
（5）研究成果最適展開支援プログラム（A-STEP）
（6）大学発新産業創出プログラム（START）
（7）地域イノベーション・エコシステム形成プログラム

図3　大学発ベンチャー企業に対する文部科学省の支援プログラム例

が、大学発ベンチャー企業に対する各省庁・機関の支援だ。産学交流・大学発ベンチャー企業については、政府が主導してきただけに、公的な支援が充実している。参考のため、その一部を記す。

文科省は、関連団体である科学技術振興機構を通じて、支援プログラムを実行している（図３）。大学発ベンチャー企業推進は、経産省においても大きな政策だ。産業技術環境局の大学連携推進室という部署が、大学発ベンチャー企業の支援に当たっている。まさに国を挙げた、省庁の垣根を越えた大きな政策だ。

重要なのは、その成果がどのように出ているかだが、肝心の大学発ベンチャー企業の数は、それほど増えていない（１６６ページ図２）。経産省の２０１８年度調査で、存在が確認された大学発ベンチャー企業は２２７８社、２０１７年からは１年間で１８５社増加した。（１）研究成果ベンチャーは、そのうちの58・9%、1341社とされている。私が相談を受けたのは、このうちの1社だ。

非正規雇用とポストドクター

さて、相談に戻ろう。

「山田先生、実は当社には、大学研究室の先輩で、非常勤研究員の方もいるのですが、彼の話も聞いていただけませんか?」

「他にもポストドクターの方がいるのですか?」

「私は任期付の正社員で、厚生年金や健康保険をかけていただいているのですが、その後入ってきた方は、パートの研究員です。その方も同じような悩みを抱えているので……」

解決できそうもない話を聞くのは気が重いが、大学教員としても、ポストドクターの方の話は聞かなければならないだろう。

後日指定された時間に、Xさんに伴われて、Zさんがやってきた。

「山田先生、初めまして。私は、株式会社ウンターネーマーチュームで、非常勤の研究員をしておりますZといいます」

挨拶を交わしたあと、さっそく本題に入る。

「Zさんは、どういう経緯で今の会社に?」

「大学院で博士号を取り、ポストドクターをしておりましたが、バイトをしないかと誘われ、今2年目です」

「仕事はどのくらいありますか?」

「週4回ですが、忙しいときは毎日仕事をしています」

「時給は、いくらですか?」

「1200円です」

「月収は?」

「月に10万円くらいです」

「……それでは暮らせないですよね?」

「はい。ですので、会社がない日は、コンビニなどでバイトをしています。社会保険もない状態で、きついです。他に非常勤講師を一つしていますが、大変です……」

「それは大変ですね……。今の悩みは何でしょうか?」

「Xさんと同じです。会社への投資が途切れると、我々が真っ先に解雇されますので……」

「今の会社で、どのような仕事をされていますか？」

「自分の専門は生物学なので、生物の実験補助です」

「ご自身の研究はされていますか？」

「実はほとんどできません」

「なぜですか？」

「私は非常勤というかアルバイトなので、専用のパソコンなどもなく、ＩＤ等もないので、図書館などの利用資格がほぼないのです」

「それは困りますね。研究はいつされているのですか？」

「自宅で細々とやっています。ただ、自分の実験ができないのでほとんど進みません。前のデータをまとめている程度です」

「今の不安は何でしょうか？」

「一番は、今の生活がずっと続くのだろうか、という不安です。また、前のデータがあるので早めにまとめて論文にしたいのですが、最後の部分の追加実験ができなくて……」

せっかく意義のある研究をしていても、公表できないのは辛いだろう。いつ他の研究者に先を越されるか、不安でたまらないはずだ。

「図書館でのリサーチもできませんので、最新研究の動向はわかりません。インターネットも一次資料は出ていないので、肝心なところはあてになりません」

「他の研究者の研究動向もわからず、調査もできない。追加実験もできないので論文も書けない。アルバイト先もどうなるかわからない、ということですか？」

「まさにその通りです。自分ではどうしたらよいかわかりません……。山田先生のお力にすがるしか……」

Ｚさんはじっと私の方を見た。

こういう相談は、実は非常に困る。「お力にすがりたい」と言われても、裁判手続では解決できない上、私の一存で解決できる問題でもないからだ。会社側にＺさんの状況を理解してもらわなければ、話が進まない。「Ｚさんの研究を認めよ」などという請求の裁判は、おそらく認められないだろう。まじめそうなＺさんの顔を見ていると、こちらまで切なくなる。

「できるかどうかわかりませんが、職場環境の改善を申し入れてみますか？」

「はあ、私はアルバイトですので、せめて実験ができれば助かります。よろしくお願いいたします」

「Ｘさんはいかがでしょうか？」

「私はやはり、雇用継続でしょうか。状況がわからないので……。せめて、正確な情報が欲しいのですが……」

「承知しました。あまり事を荒立てないようにして、話だけ聞いてみましょう」

「よろしくお願いいたします」

Ｘさんと Ｚさんは、深々と頭を下げて帰っていった。お２人とも実直な方だ。

という事情で、ひとまず、弁護士として会社に彼らの要望を伝えることになった。穏当《おんとう》（弁護士用語で、裁判などの荒っぽい手続はせずに、穏やかに話し合うこと）に協議するために、内容証明郵便ではなく、電話で訪問の目的を伝えることにした。本来、弁護士は相手の会社には行かないが、穏やかに話をするためにはやむを得ない。

このような交渉を、業界では「お願いの筋」という。こちらの主張が、裁判ではあまり強くないので（もちろん口では言わないが）、先に頼んで、事実上、和解することだ。

「数台商談中です……」

「こんにちは。弁護士の山田と申しますが、社長さんおられますか？　14時のアポですが」

会社に着いたのは13時30分頃だった。少し時間をつぶし、13時45分に受付で来意を伝える。

日本人は律儀で、時間より早く会えても「お待たせしました」といって入ってくる方が多いので、早めに行くと気持ち的に優位に立てる気がする。これもテクニックの一つだ。

13時55分に２名の男性が応接に入ってきた。

「お待たせしました。社長のＡ山です」

「専務のＢ川です」

「お世話になります。弁護士の山田と申します。本日はお時間をお取りいただきまして、ありがとうございます。ＸさんとＺさんの件でお話を伺いに参りました」

名刺交換をしたら、Ａ山さんは大学教員だった。Ｂ川さんは公認会計士で、実務全般を取り仕切っているらしい。

「Ａ山先生は大学教員でいらっしゃいますね。御社はいわゆる大学発ベンチャー企業ということでしょうか」

「おっしゃる通りです。文科省と経産省からスタートアップの支援をいただいております」

「Ａ山先生のご研究を基にスタートしたわけですね」

「そうです。大学や関連先のご支援をいただきスタートしました。私が大学で行っていた研究が賞をもらいまして、皆さんからすすめられて起業しました」

「A山先生は、大学と兼務ですか?」

「そうです。私は大学でずっと教員をしております。学部長もしておりました」

「それでは大学の責任と、会社の責任が重なって大変ですね」

「会社にはB川さん、皆さんがおられますので、何とかまわっています」

「A山先生は、どのくらい勤務されているのでしょうか?」

「実験はどちらでもできますので。週2日半くらいでしょうか。あとは秘書の方のおかげで何とか業務をこなしております」

大学発ベンチャー企業は、原則、大学教員も役員でなければならない。補助金を受けるには制約も多い。いろいろなしがらみで、A山社長（教授）は抜けるに抜けられないような状況のようにも見えた。

A山社長は話を続ける。

「当社は大学発ベンチャー企業ということで、大学の認定も受けており、各種表彰も多数受けております」

「後ろにたくさん賞状がありますね」

壁には数々の表彰状がかけられている。表彰状を持ち、大臣と撮影した写真も飾ってある。

私は門外漢でよくわからないが、非常に優秀な研究のようだ。

「そうなんです。学会だけでなく、役所などからも多数いただきました」

A山社長は嬉しそうに言った。B川専務も、

「それで当社は多額のスタートアップ資金をいただけたのです」

と表情が緩んだ。

会社のホームページを見ると、資本金は3億円を超えている。あちこちのファンドや補助金などで、多額の資本性資金（返さなくてもよいお金）を集めたらしい。

余談だが、ベンチャー企業、スタートアップ企業は、売上よりもどれだけ資金を集められるかにエネルギーを割いているように見えるのが、私には気になる。ベンチャー企業のサイトでは「〇〇億円の増資を引き受けた」といったニュースが掲載されているのをよく見かける。本来は、売上が重要なはずだが……。

もちろん、この手の企業は将来性が重要なので、今は売上がなくても、特許を活かした売れそうな技術や、売上が上がりそうな見込みがあればよい。それでも、資金がないと会社経営は難しいだろう。また、お金が集まるといろいろな業界関係者が近づいてもくるだろう。

ちなみにB川専務は、ベンチャー支援専門の会計士だという。

私は質問を続けた。

「売上はどのくらいでしょうか？」

二人の表情がみるみる曇った。

「ぼちぼちです」

「御社のビジネスモデルは、どのようなものですか？」

「私の発明を基に、共同研究先から出資してもらい、その資金でバイオ検査機を完成させて販売することです」

「なるほど。そのバイオ検査機はどのようなことができるのですか？」

「素人の方にもわかるようにいうと、特定のバイオマーカーで判断することにより、リスク評価が迅速にでき、特定疾患のなりやすさを判定できます」

「人間ドックの有料オプション検査のようなものですか？」

「それは応用例の一つです。現在はその理論を応用して、各機関から依頼のあった分析や調査の手助けをしております」

「御社の検査器具は、どのようなものですか？」

「簡易な検査キットを開発して、数日で病気のなりやすさをわかるようにしたいと考えております」

「それは完成したのですか？」

「理論的には完成しております。あと少し材料を改良すれば、現物も完成すると思います」

「検査機器はいかがでしょうか？」

「バイオ検査機器は、数台商談中です」

「職員の方は何名くらいおられますか？」

「非常勤を入れて11名です」

この状況では資金繰りは苦しいだろう。売上や経費はいくらだろうかと考えていたところ、

「ところで本日のご用件は何でしょうか？」とB川専務が聞いてきた。

「前置きが長くなり失礼しました。実は御社の社員であるXさんとアルバイトのZさんから、彼らの身分などについて相談を受けたので、彼らの代理として皆さんから直接会社の状況を伺いたいと思い、お時間をいただきました」

「はい」

「Ｘさんからは、今後の雇用について正確なところを聞かせてほしいという要望が出ております。任期付の契約が更新されるか気がかりなようです。Ｚさんからは、アルバイトの合間に少し実験機器を使わせていただけないか、自分の実験をさせていただけないかという希望が出ております」

Ａ山社長は少し困ったような顔をした。

「当社の研究員の方は、大学と共同で論文を書いたり、共同研究もしたりしています。Ｚさんはアルバイトということで、今までは実験補助をしていました」

「Ｚさんからは実験用ＩＤをいただけないかという希望がありますが」

「Ｚさんはポストドクターだったのですね……。承知しました。勤務時間外に実験ができるように検討します」

「ありがとうございます。大変助かります」

「ただし、勤務時間外に行うこと。実験装置が空いているときに許可を得て行うこと、その結果を報告することはお願いします」

「承知しました。Ｚさんにお伝えします。実験結果についてはいかがでしょうか？」

「基本的に当社は、業務についての実験データは依頼主の会社や大学に帰属するという契約を結んでいます。Zさんの専門は当社の業務と少し違うようなので、精査して、もし何も接点がなければ、Zさんの成果として論文発表等をしてもらいたい気もします……」

「それは、あとで確認しましょう」とB川専務が割って入った。A山社長に勝手なことを言われては困ると考えたのだろう。それを横目で見ながら、A山社長は続けた。

「それは研究のことなので、私の方で最大限配慮しましょう。ただし、会社の実験器具や試料を使うので費用もかかります。そこはZさんに確認して、なるべく希望が叶うようにしましょう。Zさんは実験の技術もあるし、誠実な方なので」

「A山先生、ご配慮いただきありがとうございます。よろしくお願いいたします」

「承知しました。私も研究者なのでその気持ちはわかります。若い方は大変だ……」

A山社長は元々研究者なので、研究に理解があり、人柄も温厚な正直な方なのだろう。Zさんについては最低限の希望は叶えてあげられそうだ。しかし横にいるB川専務は研究にはあまり関心がなさそうで、ずっとスマホをいじっていた。


「Xさんの雇用はいかがでしょうか?」

「その件についていては、次の研究助成をいただけないと、正直、わからないのです」

A山社長が答えると、B川専務がいきなり戦闘モードに入った。

「経営状況について、利害関係のない山田先生にお話しすることはありません。当社は経営安定に向けて努力中です」

カチンときたので少し応戦した。

「今は各地の大学で雇い止め無効の裁判が起きていて、仮処分で地位保全が認められていますね」

「当社は大学と違いますから」

わざと専門用語を使ってやりとりをする。いつもの調子が出てきたが、A山社長が突然、

「当社は、来年3月に助成金が切れます。いろいろプレゼンをして資金を集めていますが、なかなか難しい状況です。私も大学の給料をつぎ込んでいます……。次の資金が取れるといいのですが……」

と声を絞り出した。

間髪を入れず、私は聞いた。

「売上はいかがでしょうか?」

「検査機器が売れればよいのですが……。検査受託業務も、委託する大学や企業の予算に左

右されるので、なかなか今以上にはならないかと」

「検査受託業務の売上は、それほど多くはないのでしょうか」

「当社の固定費用が出るかどうかです」

先ほど、大学発ベンチャーに対する公的な支援や補助金が充実していると書いたが、**こちらの一存ではもらえないのだ**。むしろ、欲しいときには出ないというのが実感に近い。

Ｂ川専務が、やりとりをさえぎった。

「お話しすることは以上です。もうお引き取りいただけませんか」

Ａ山社長が会社の実態について口を滑らせないよう、話を止めたのだ。おそらく本当に資金がないのだろう。

聞きたいことは概ね聞けた。会社の状況はだいたいわかった。また少なくともＺさんの要望は会社に伝え、社長が善処を約束した。今日のところはこれで十分だろう。

私は帰り道にいろいろ考えた。今日の回答をＸさん、Ｚさんにどう伝えるか。Ｘさんについては、ほぼゼロ回答だった。仮に裁判になって勝ち、雇用継続が認められても、会社が倒産しては意味がない。Ｚさんについては、あわよくば正社員にとも考えたが、これも会社が倒産状態にあるのでは意味はない。あまり成果がなかったというと、彼らはがっかりするだろうなと少し気が重くなった。しかしこの面会が、彼らの今後に少なからぬ影響を与えることになった。

アルバイト、非常勤講師のワナ

余談だが、大学院生が陥りやすいワナの一つが、アルバイトだ。割のよいアルバイトをしていると、そちらが生活の中心になり、研究時間が激減する。予備校講師のアルバイトをしていた院生が、そちらの方が本業になってしまった例をいくつも見てきた。

予備校講師は、収入にはなるが、大学就職に際しての教歴（大学における教育歴のこと。正規の教員になるにあたっては評価項目となる）にはならない。今は浪人生の数が減って、専業の予備校講師も競争が激しい。今や予備校講師は副業にならない。

今の予備校講師は、人気がないとすぐに担当コマ数を減らされる。なので、よほど話術が巧みだとか、独自の受験ノウハウを持っているといった場合を除き、予備校講師のバイトも非常に厳しい。さらにＹｏｕＴｕｂｅなどで無料の講座が多く公開されていて、低価格化が進んでいる。

教育歴を付けるために、大学などで非常勤講師をしているポストドクターの方は多い。非常勤講師は1コマ1万数千円の世界で、1週間に8コマも10コマも掛け持ちすると、月収20万円から30万円にはなる。ただ、ここまでコマ数を入れると、自分の研究をする時間がない。しかも試験のときには何千枚もの採点をしなくてはならない。

今は5年以上一つの職場で非常勤講師を続けると無期転換権が発生し、大学側は、その講師を常勤にする必要が出てくる。なので、その前に打ち止め(雇い止め)という大学が多い。

大規模大学の中には非常勤講師の組合があるところもあるが、こうしたポストドクター(広義のポスドク)の生活は、任期付ポストに就いているポストドクター(狭義のポスドク)より厳しい。

本来、研究者は、若いときは自分の研究スタイルを確立するために、研究に集中しないといけない。しかし、非常勤講師の仕事に追われるとそれができない。もちろん個人差も分野の違いもあるだろう。ただ、ノーベル賞受賞者がその研究の着想を得たのは30代、あるいはそれ以前という話もよく聞く。何よりしっかりした研究をして学会に出て、学会で活躍している研究者に顔を覚えてもらわないことには、大学教員への就職にはつながらない。

ポストドクターおよび院生が、非常勤講師や予備校講師の仕事などに精を出しすぎると、この貴重な時期を逃してしまう。

もちろん、こんなことは当事者は百も承知の上であり、生活のために講師の仕事をせざるを得ないというのが実態だ。非常に根深い問題である。

本章に出てくるような大学発ベンチャー企業で働くポストドクターの数は少なく、非常勤講師より恵まれているように見えるかもしれないが、その窮乏ぶりはあまり変わらない。

ポストドクターの問題構造

ポストドクターに関しては、少し古いが有名な研究がある。文科省科学技術・学術政策研究所第1調査研究グループの小林・渡辺研究員によるレポートだ（以下、小林・渡辺レポートという）。このレポートを参考にしながら、ポストドクターの問題状況をまとめていこう。

前述のように、ポストドクターには2種類ある。博士課程を修了し学位取得などを経て、任期付で研究機関に在籍している「狭義の」ポストドクターと、研究機関に在籍していない「広義」のポストドクターだ。「狭義」のポストドクターは、博士号取得後、任期付助教として大学に在籍して研究を続けたり、中には学術振興会の特別研究員という資格を取り、給与をもらいながら１〜３年ほど研究を継続する者もいる。そのようなポストに就けない場合、研究生という地位で、学費を払いながら、大学に所属する。

小林・渡辺レポートによると、ポストドクター（ただし狭義のポスドク）ののべ人数は２００７年度で１万７８０４名、次年度も同一の機関に所属する者が80％で、残り20％が他の機関に移る。この１万７０００名余のうち、次年度に常勤職（パーマネント職という）に就いた者の割合は６・３％と非常に低い（男性７％、女性４・４％）。常勤職に就いたのは、年齢別で35〜39歳が一番多く、以降、年齢が上がるごとにその比率が下がる。また、博士号取得後、常勤職への移行は平均４〜５年かかる。

統計では35歳を境に狭義のポストドクターの数が急激に減るが、これは正規の研究職に就職できたわけではなく、研究職をあきらめたり、大学の研究生などをやめたりして、企業などに就職するか、非正規の職などに就いたものと推測される。

では、先ほどの６・３％という数字は、一般の非正規雇用の人が正規雇用へ移行する割合と比べてどれだけ差があるのか。学歴によって差はあるが、大卒男性の非正規雇用の人が、次年度に正規雇用に移行する割合は21・７％、大卒女性の場合は８・３％である。研究職の正規雇用への移行がより困難であることがわかる。

待遇は、任期付の研究員として給与のみで生活できている者は80％で、平均給与は30万円程度。通常の生活を維持することは可能だが、任期付のため、その後の仕事の見通しが不透明で、不安定な立場だ。

国立大学法人への運営費交付金など内部資金が減り、若手の研究者の安定的なポストが減った。代わりに競争的資金が増え、雇用は不安定となった。やむを得ず、目の前にある任期付のポストに就職し、それを繰り返しているうちに再任できなくなり（突然、任期付のポストがなくなったり、年齢制限にかかったりするため）、雇い止めにあう可能性もある。現状、無期転換権は、ポスドクにはあまり有利に働いていない。

より深刻なのは、広義のポストドクター問題だ。大学の非常勤講師を掛け持ちしている例を挙げたが、まだしっかりした統計もない。博士号を取得したあと、大学の任期付ポストにも就かず、研究生として大学院に在籍し、非常勤講師をしながら研究を続けるというのは、経済的にも精神的にも負担が大きい。

ポストドクター問題は、日本政府が人口動態や景気動向などを読み違えて高い目標を掲げたことで生じたとされている。その原因についてはこれ以上立ち入らないが、本章のXさん

（狭義のポストドクター）やZさん（広義のポストドクター）がどのような位置づけにあるのか、ご理解いただければ幸いである。

任期付のポスト

博士課程を終えて大学や研究機関に就職する人は、その多くが任期付の採用で、4割超は2年以下の任期だ。30代後半でも、任期付の身分で働いている人の方が多いというデータもある。

任期付のポストにいる研究者が、次のポストを得るためには、在任中に結果を出さねばならず、独創的なテーマに挑戦しづらいという声がもっぱらだ。不安定な身分は、帰国後の就職が難しいという理由で、海外留学をためらう要因にもなる。本来、若手の研究者は、世界の科学者のコミュニティーの中で経験を積むことが飛躍につながるはずだ。これだけ立場が不安定で、先行きが見えないと、学生が研究者の道に二の足を踏むのも無理はない。

文部科学省は、２０２０年度から若手の任期を「原則5年程度以上」とすることを目標に、研究環境の改善に乗り出す。その一環として政府は、最長10年まで年間７００万円程度の生活費などを保障する制度を検討しているという。方向性はよいが、このような事態に至った背景には、大学への一般経費の交付金を減らす一方で、3〜5年ほどで打ち切られる競争的な研究費を増やしてきた政策がある。しかし、この問題は、小手先の手当では解決を望めない。

文教予算が削減されている中、競争的な研究費が相当額、大学発ベンチャー企業などに使われてきた。企業が競争的な資金をどのように使ったか、立ち入った調査が必要だし、一般経費を削減した成果が出ているかも検証が必要だ。

その前に、大学発ベンチャー企業については、どのような状態が成功か、しっかり定義する必要がある。上場するか、バイアウトさせるか、特許を増やすか、雇用を増やすか、売上を増やすかなど、実現目標を決めるのが先のはずだ。しかし現状は、大学発ベンチャー企業を増やすだけで、どのような状態に着地するのが理想か、誰も明確な答えはないのではないか。

本書のここまでの議論からも、大学発ベンチャー企業がリスクのある研究を進展させ、売上を増やして地方経済を引っ張っていくのは、なかなか厳しいことがおわかりいただけるのではないだろうか。

大学教員と大学発ベンチャー企業との利益相反

大学教員が陥りやすい落とし穴は、大学のリソースをそのままベンチャー企業で使うことだ。たとえば、院生やゼミの学生を同意なく無償で働かせることは利益相反となる。これは若手研究者を搾取することだ。

大学の教育とビジネスは分けるべきであり、ファイアーウォール（隔壁：大学と会社を分けること）が必要だ。その点が、わが国ではいまだ認識されていない。教員が大学での立場を利用して、所属する院生などを大学発ベンチャー企業で、非常勤雇用したり、無償で働かせたりする例があるという。必要なら、大学の立場ときちんと分けて雇用すべきである。

助教、准教授になれば、自らの研究テーマに取り組むのが本来の姿だ。だが日本では、教授が差配する面が強いという指摘がある。チーム研究の利点は否定しないが、若手の意欲と自立が阻害されては研究の発展はない。この点は、共同研究に関連して第2章で説明した。

また、自らが経営する、または役員となっている企業の宣伝に大学名を使うことも、誤解を生みやすいので注意が必要だ。たとえば、「○○大学教授」という名称を第三者に使わせて相手の信頼を強めた場合、大学にも責任があることになる。商法では、これを名板貸《ないたが》しという。

似たような責任を発生させた有名な裁判例として、「東京地裁厚生部」事件がある。これは、裁判所が自分に対して責任があると認めた有名な判決だ。

概要は次の通りだ。東京地方裁判所内に「厚生部」なる職員の互助団体があり、業者と取引をしていたが、その団体が債務を返済できなくなった。業者は、この厚生部を東京地裁の一部だと考え、東京地裁を訴えたのだ。東京地裁厚生部は、裁判所とは関係ない職員の互助団体だが、裁判所の中にあり、裁判所の用紙を使用させたり、印鑑使用を認めたりしていたので、裁判所は責任を認めるべきだという判決が、裁判所から出された。

つまり、第三者から見て、大学の教員なのか、会社の役員なのかわからないような行動は慎むに越したことはない。大学の教員が、大学発ベンチャー企業の役員を兼務する場合、大学での立場と大学発ベンチャー企業での立場を、明確に区別すべきである。そうしないと、教員を雇用する大学が会社の代わりに訴えられることもある。

特許についても注意すべき点がある。たとえば、いくら研究者自身が発明者でも、大学の職務発明の特許をそのままベンチャー企業で使うことは問題だ。

２０１９年に、新株予約権（権利を行使すると株式になる権利。オプション権ともいう）を対価に、大学の知的財産権を大学発ベンチャー企業へ移すという手法が解禁されたが、実行に移されているのはまだ数件だろう。

大学発ベンチャーの実像

将来性のある研究を行う大学発ベンチャー企業には資金が集まる。より多くの資金を集める企業が優遇され、表彰を受ける。そういう企業の投資家向けの資料には華々しい言葉がならんでいる。ただ、企業の継続を担保するようなビジネスモデルがまだ確立されていない――。私が実際に見聞した大学発ベンチャー企業のイメージだ。

前述のように、上場した大学発ベンチャーにはインタビューを断られているので、実際にビジネスモデルが確立され、売上が多い企業もあるとは思う。ただ、多くの企業の内情は火の車だろう。補助金を除くと、売上が相対的に少ないように思われる。競争的資金が打ち切られると、そういう企業で働く院生やポストドクターは解雇されてしまう。

大学発ベンチャー企業が、ポストドクターに限らず従業員を雇うならば、競争的資金以外のキャッシュフロー（売上）を安定的に確保しなければならない。競争的資金やベンチャーキャピタルなどからの資金を受け入れるだけでなく、知的財産を活かして売上を確保するような経営が必須だ。補助金を受け入れるだけのヴィークル（入れ物）であってはならない。

これが本来の大学発ベンチャー企業の経営ではないだろうか。

　これは大学発ベンチャー企業だけの問題ではない。たとえば、あの京都大学ｉＰＳ研究所でさえ、研究員の９割が非正規雇用（任期付の研究員）だという。この身分の不安定さがさまざまな問題を起こしているのは、本書で繰り返し述べてきた通りだ。

運命の決断

　話をＸさん、Ｚさんに戻そう。

　会社との協議がゼロ回答に近かったので、２人に会うのは気が重かったが、事務所に来てもらい、協議の結果を伝えた。

「現状、会社の財務状況はあまりよくなくて、次の助成金なども決まってないようです」

「そうですか。やはり噂は本当だったのですね。それは確実なお話ですか？」

「もちろん財務諸表を見たわけではありませんので、正確なことはわかりませんが、Ａ山先生が正直に、次の出資がないと厳しいとおっしゃいました」

「……となると、会社は、というか、我々の雇用はどうなりますか？」

　Ｘさんが聞いた。

「会社は資金がまわらないと倒産です。御社は、あまり売上がないようでした……」

「そういえば最近、企業や大学からの受注が減っていました。A山先生やB川専務があちこちでプレゼンをしていましたが、顧客である大学などの予算自体が減っていたようですね」

「A山先生もそうおっしゃっていました。検査機器もなかなか売れず、簡易キットも完成していないそうです」

嫌なことを報告するのは気が重い。Xさんが続ける。

「発明を自社製品にするのは難しいですね。A山先生も前におっしゃっていました。論文は書けても、なかなか製品はできないと」

「ご研究は、たくさん賞をもらっておられましたね。壁一面に表彰状や写真が貼ってありました」

「そうです。A山先生はご高名な教授ですから。ただ、売れる商品を生み出すのは難しいともおっしゃっていました。実際の売上を上げることはさらに難しいとも」

「商品化にはさまざまな苦労が伴います。売るためにはマーケティングや営業なども必要ですからね」

「それが事実ならば、私の雇用はどうなりますか?」

「なるべく維持したいとおっしゃっていましたが、そもそも会社がどうなるかわからないと……」

「会社が倒産すれば、雇用はどうなりますか？」

「普通は解雇です」

「何か法的な手段はありませんか？」

こういうときは正確な情報を伝えるのが一番よい。

「よく行われるのは、解雇後の復職を求めての地位保全の仮処分とか、雇い止めに対する雇い止め無効の仮処分です」

「私の同じ研究室だった先輩が、とある大学で、非常勤講師の雇い止め無効の手続をしたといっていました」

「大学のように、現状倒産の恐れがない組織に対しては有効です。しかし雇用延長や雇い止め無効の裁判を起こしても、会社が潰れたら意味はないと思います」

「……そうですか。A山先生は研究者でもあり、正直な方ですので、おっしゃる通りかと思います」

Xさんはかなり落胆していた。

研究の継続

「あの、私の研究の方はいかがでしたか？」

Ｚさんがおそるおそる話を始めた。

「Ａ山社長は大学教員であり、その点は理解がありました。近いうちにＩＤをお渡しして、実験などができるように検討する、という話でした」

「ありがとうございます！　これで研究ができます。山田先生のおかげです」

私は何もしていないが、喜んでもらえて嬉しい。私のように研究者視点を持つ弁護士でないと、「研究条件」の交渉はしなかっただろう。依頼人の経済的利益には関係ないからだ。

「早速明日出勤して、会社に聞いてみます！」

Ｚさんの声は弾んでいた。

「ただし、実験等は勤務時間外に許可を得て行うこと、その結果はきちんと報告すること、という条件付きです。あと、実験の費用などは協議しましょうということでした。Ｚさんの実験は、費用はかかりますか？」

「試料代が少しかかりますが、それほど高価ではありません。実験器具を使えることが大きいのです」

続いて、Ｚさんに実験のデータの件を伝えた。

「私は専門外でよくわからないのですが、実験データは、通常どのように処理していますか？」

「大学等から依頼された実験のデータは、もちろん大学に帰属します。会社は、大学の指示に従って実験を行い、データを販売しているので」

「なるほど、わかりました。Ｚさんの実験は、クライアントから依頼された実験とは違いますか？」

「私のテーマは、会社の事業とは少し違います。会社の機械を使わせてもらいますが、自分で実験をするので、そのデータは私に帰属するとありがたいです。クライアントの実験とは手段も、方法も違いますので……」

「実験データについては、実験ノートとともに会社に届け出て、Ａ山先生に確認していただいたらいかがでしょうか？」

「承知しました。ご指示通りにします。少し手間ですが……」

この辺は、Ａ山社長との協議で認めてもらったことを、そのままＺさんに伝えた。実験データの帰属は、裁判では重要な証拠となるので（第1章参照）、あとあとのトラブルを避けるためにも、しっかりしておくべきだ。もちろん、特許との関連でも重要な論点になる。

「今後Zさんが研究者として、この実験データを用いて論文発表等をされる際に、データの帰属が問題となる可能性があります。ですので、きちんと手続を踏んでおくことが必要です。実験器具自体会社のもので、使わせてもらうのですから」

「わかりました。大学ではそこまで意識したことはなかったのですが、本来それが当たり前かもしれません」

「今回の件は、仮に希望が通ったとしても、A山先生のご配慮なので、くれぐれも勤務時間外に行い、試料はきちんと精算し、実験データがZさんの実験によるものであることを毎回会社に確認してもらってください」

「承知しました」

「あと、確実に実験ノートをつけること、その実験の一部を画像や動画等で撮影し、変更できないように保管しておくこともお忘れなく」

Zさんは少し思案して、いろいろ聞いてきた。

「私が会社で自分の実験をする場合、具体的にどうしたらよろしいでしょうか？」

「まず勤務時間は、何時から何時までですか？」

「10時から4時くらいまでです」

「その時間は、今まで通り勤務をしてください」

「はい」

「その前後に実験計画書を作成し、何時間、実験器具を使用して、どのくらい試料代がかかるかを含め、直属の上司の方に提出して、使用許可を取っていただけますか」

「わかりました。毎週作成した方がいいですか？」

「そうですね。毎週、実験計画書とその週の実験結果を提出してください。かかった費用を算出して、会社に報告してください。実験ノートも提出して、実験内容が会社の事業内容に関係ないことも確認してもらうといいですね」

「かなり大変ですが、研究室で厳しく訓練されましたので、その手続はできると思います」

「上司の方やA山社長は研究者なので、きちんと評価してもらうことにより、正確な実験ノートができて、実験データの帰属も明らかになり、むしろZさんにはプラスの面があると思います。

繰り返しになりますが、会社とZさん個人の実験が似ていると厄介なので、実験の動画や写真などもきちんと整理しておいていただけますか」

「了解しました。それも実験ノートに整理しておきますか？」

「データの日時等も改ざんできないように、整理をお願いします」

「なんだか大がかりですね」

「以前に担当した事件で、『どちらが実際に実験したか』が問題になりました」（第1章参照）

「承知しました」


一旦大学を離れると、研究を継続することは大変だ。我々は機会を失って初めて、その価値がわかることが多い。しかしZさんは、研究に対する情熱を失っていないようだ。

「仕事しながらの研究は大変ですね。大丈夫ですか？」

「仕事が終わったら一旦家に帰り、夜にまた会社に行って実験をすることになると思います」

「そのような生活をして、体を壊しませんか？」

「体調管理もして、頑張ります！　せっかくのチャンスなので。まだ蓄えもあるので今のうちに」

やる気のある若者の力になれるのは何か清々《すがすが》しい。あとはＺさんの頑張り次第だ。よい結果が出ることを祈るばかりだ。

ベンチャー企業とスタートアップ企業

一方、Ｘさんは少し落胆していた。

「私は家族と相談します。お時間をお取りいただきありがとうございました」

「今のところ何もお力になれず申し訳ありません。Ｘさんは契約社員であり、今のところ契約違反の状態ではないので、法律的な解決や是正措置の申し入れというのは難しいのです」

「確かに時間外手当などはきちんと付けてくれますし、休暇も取れます。その点は安心です。ただ、今後の不安が……」

「おっしゃることはわかります。有期雇用から無期雇用への転換を申し入れて、第１回の話し合いを終えたというのが現状です」

私は今の状況を説明した。Ｘさんは、しばらく考えてから尋ねた。

「うちの会社（ウンターネーマーチューム）にはどういう特徴がありますか？」

「他の会社と比べて、ということでしょうか？」

「そうです。私は今の会社しか知りません。他の会社と比べて、どういう特徴があるのか、比較対象がないので、専門家の山田先生にお伺いします」

こういう質問なら得意だ。会社法の「講義」に近い。

「ウンターネーマーチュームは、創業10年くらいの会社です。客観的に整理すると、従業員は、非常勤役員を入れて15名くらいの、いわゆるベンチャー企業です。元々ベンチャー企業とは、冒険的な企業という意味で、新技術などを開発し、それを基に事業として立ち上げた中小企業のことです。この定義は、人により少し異なりますが」

「ウンターネーマーチュームは、ベンチャー企業ですか？」

「そうですね。Ａ山先生の大学における技術を移転して、設立した企業なので、大学発ベンチャー企業だと思います」

「スタートアップ企業とは違いますか？」

「スタートアップ企業というのは、新たなビジネスモデルを開発する会社で、市場を開拓する段階にあり、一般的に創業から2〜3年程度の会社を指します。元々はアメリカのＩＴ関連企業が集まるシリコンバレーで使われている言葉です。スタートアップ企業は、インターネット関連企業に多い傾向があります。ウンターネーマーチュームは創業から10年程度経っているので、スタートアップといえるかは微妙ですね。スタートアップ企業は、おおまかにはベンチャー企業の一部といってもよいかもしれません」

だんだん講義に近づいてきた。

「ベンチャー企業は、これまで市場に存在しなかった『新しいビジネス』を掲げていることが多いです。そのビジネスは、『世の中に新しい価値をプラスし、人びとの役に立つ』ものがほとんどです。つまり『イノベーション』の観点があるかどうかがポイントです」

「なんか難しいですね」

「すみません。専門に近いのでつい説明が難しくなりました。要は、新しい価値を社会に還元できるか、ということだと思います」

「うちの会社はどうですか？」

「ウンターネーマーチュームは、ベンチャー企業であり、事業を世に広めている途中ですから、外部から資金を調達する必要があります。新しい価値を広めるまでには、まだ至っていませんが……」

「製品は完成したけれど、まだ売上をあまり上げていませんからね……」

「そこがポイントです。御社の製品が、これまでの血液検査のプロセスと比べ、どこが画期的であるか、そしてそれが売上に貢献したかが重要です。

そのようなビジネスのために使われるのが、助成金やファンド、ベンチャーキャピタル（成長が見込まれる高い収益性を持つ可能性のある企業の株式等に出資し、高いリターン〈運用利益〉を狙う企業のこと。ＶＣと略される）からの出資です。特に大学発ベンチャー企業は、創業時にさまざまな助成があり、他のスタートアップ企業よりは恵まれていると思います」

「新しい理論は、たくさんあるのですが……」

「キャッシュフロー（売上）を生まないことには、会社的にはあまり重要ではないですね。もちろんサイエンスとしては意味があるとは思いますが」

「外部の専門家も経営に参加して、いろいろ助言をもらっているようですが……」

「大学発ベンチャー企業には『大学発の技術移転』という縛りがありますから、助言をもらっても、売上増加はなかなか難しいところです。元々の技術がそもそも売上を生むのか、助言をする方が大学発ベンチャー企業に精通し、売上を上げる事業の助言ができるかが問題です。大学内で競争的資金をもらい実験するよりは、自由度は高いと思いますが、いずれ事業を黒字化しなければならないというのがポイントですね」

「貴重なお話ありがとうございました。まず家族と相談して結論を出します」

Xさんは会社の経営と自分の身分について、いろいろ考えているようだった。

若手研究員の選択

およそ1カ月後、Xさんから「お会いしたい」と連絡があった。

「山田先生、お時間を取っていただき、ありがとうございます。今日は報告に参りました」

「わざわざありがとうございます。どうされましたか？」

「家族と相談して、今の会社を辞めて転職することにしました」

「それは思い切りましたね。次の会社は決まっていますか？」

「はい。中堅の化学メーカーですが、人手不足で何とか内定をいただけました」

「おめでとうございます。研究職ですか？」

「いいえ、違います。研究をしたい気持ちもありましたが、家族もありますので普通の技術職として就職することにしました」

Xさんは会社を辞めると同時に研究もやめるようだ。重い決断だ。

「研究はもうしないのですか？」

「大学への就職も厳しいし、先が見えないので思い切って普通に就職することにしました。技術職として、普通に会社員として頑張ります。福利厚生もしっかりしていますし、その点は安心です。男性の育児休暇もあるようです」

「そうですか。Xさんはまだ30代ですものね。あまりお役に立てなくて申し訳ありません」

「いえ、山田先生に交渉していただき、正確な情報がわかりましたので、踏ん切りがつきました。ありがとうございました」

とはいうものの、やはりどこか寂しそうだ。Xさんは、任期付研究員から正規の研究員ではなく、正社員として会社に就職する。Xさんの人生の中では大きな意思決定だろう。Xさんは3時間分の相談料を置いて帰宅された。正社員になるのでいただいてもいいかなと思った。

そういえばZさんはどうしただろうか。しばらく連絡がない。

任期付助教への転職

それから数カ月して、Zさんから連絡があり、3日後に会うことになった。

「Zさん、ご無沙汰しております。お元気ですか？　その後いかがですか？」

「おかげさまで無事にやっております！」

心なしか声が明るい気がする。

「その後、実験やご研究はいかがでしょうか？」

「おかげさまで、IDをいただき、実験もさせていただき、追加実験ができました」

「それはよかったですね。研究計画書や実験ノートはいかがですか？」

「山田先生の指示通り、毎週提出して、実験ノートも提出しています。そうしたら上司の方やA山社長まで検印をしてくれて『よくできていますね』と評価していただきました。実験のアドバイスまでいただきました」

「それはよかったですね。A山社長からのアドバイスは役に立ちましたか？」

「A山社長のアドバイスで、実験のコツというか、ポイントがわかりました。A山社長は公平な方で、逆にこういうやり方はどうかなどとご指導もいただきました」

「それはありがたいですね。でも仕事が終わってからだと疲れるでしょう？」

「多少は疲れますが、大丈夫です。実験をやらせていただけるのは、感謝しかありません」

「実験データは、取り終わりましたか？」

「おかげさまで、概ね取り終わりました。あとは論文にまとめるだけです」

ここまでは順調のようだ。Ｚさんは研究が好きらしい。普通は仕事終了後に実験はできない。


「よかったですね。先行研究の調査はいかがですか？」

「何とか調査もできました！」

「Ｚさんは、出身大学の研究室には行けないのですか？」

「指導教員の方が転出されて、同じ分野の先生が、今いないのです。研究生は学費がかかりますし、なかなか厳しい状況です」

自分の出身大学の研究室に戻るというのも、簡単なことではないようだ。

「調べた限りでは、あまり意義のある先行研究はなかったです。一安心でした」

「論文は書けそうですか？」

「実は、既に1本書きまして、学会報告もしました。査読付のジャーナル（学会雑誌）にも、掲載が決まりました！」

「おめでとうございます！　すばらしいですね」

上手くいくときはこういうものだろう。表情も明るい。

「さらによいことがありました！」

「何ですか？」

「論文の査読をされた方から、助教のポストが空いているから来ないかと誘われました」

「Zさんやりましたね！　私まで嬉しくなりました」

「ありがとうございます。山田先生のアドバイスのおかげです」

「え⁉　私は一回会社にお願いしただけですが……」

「実は、先生から実験ノートを見せてくれと言われて、そのままお目にかけたら、非常に評価してくれました！」

「そうですか。私の助言は、裁判になったときの証拠のため、ということでしたが。少しでもお役に立ててよかったです」

「実験ノートがしっかりしているから、論文もいいね、と言っていただきました！」

「何事も他人から見て、事実を証明できるかが重要ですからね。自分で実際に実験をやったことが評価されたのでしょう。しっかり検印も受けていましたから」

私は一度会社に行って、Zさんの希望を伝えただけである。それでこんなに上手くいくとは想像もできなかった。もちろん本人が頑張ったからだが。

「そうそう、助教のポストは任期付ですか？」

「2年の任期です」

「厳しいですね……」

「でも、給与と年金や健康保険など福利厚生があって、研究費が付くなんて夢のようです。今、次の論文も書き始めていて、もうすぐまとまりそうです！　まだ何本か論文を書きたいですね」

同じ条件でも、個々人の立場によって感じ方が違う。正規雇用の人から見れば厳しい条件だが、より厳しい境遇の人から見れば夢のような条件になるということだ。純粋に喜ぶZさんの顔を見て、私も思うところがあった。我々も、常に初心を忘れないようにしたいものだ。

「ところで、山田先生は、海外留学はされましたか？」

「留学ですか？　一応、アメリカの大学に行きました」

「そうですか。すばらしいですね。私も研究を続けて、いつか海外の大学や研究所に留学したいです」

「なぜ海外の大学に行きたいのですか？」

「海外の方が『公平』ではないかと思います」

「公平……ですか？」

「海外の大学では、実験や論文の評価でポストが決まるという話を聞きます。私は、同じ分野の先輩が数名、同じ研究室にいて、ポストがまわってきませんでした。実は大学で、共同研究など指導教員の仕事をあまりしなかったので、疎《うと》まれたみたいで……。それでやむなく、今の会社に入ったんです」

「……」

「これからどんどん英語で論文を書いて、海外の大学で認められるように頑張ります。論文だけで、公平に評価してもらいたいのです。山田先生のおかげで希望が出てきました。ありがとうございました」

Ｚさんは、これまでいろいろな出来事が大学であったようだ。しかし、ようやくチャンスがめぐってきた。研究は、先が見えなくても頑張り続けないと道が開けない。

Ｘさんは、**将来を考えて途中で研究をあきらめた。これも立派な選択だ。**一方、Ｚさんは、**自分の境遇に不平不満を言わず、研究を続けてチャンスを得た。**さらに、最近は留学する研究者が減っているが、苦労も厭《いと》わず、海外に挑戦しようとするＺさんの将来に幸運が訪れてほしいものだ。

ただし先は長い。Zさんは、任期付の助教から、任期のないパーマネント（正規雇用）のポストにステップアップしなければならない。

Zさんは丁寧にお礼を言って、意気揚々と引き上げていった。相談料をもらったかどうかは、ご想像にお任せする。

大学発ベンチャー企業の相談で、2名の若手研究者の将来に、期せずして立ち会うことになったが、実際には、彼ら以上に厳しい状況のポストドクターが多いと思われる。

なお、ウンターネーマーチュームは、競争的資金が止まり、経営状況が悪化したようだ。Xさん、Zさんは、たまたまその前に転職できた。これも巡り合わせだ。

第1章では、中小企業との共同研究で、知的財産が奪われたり、研究者の立場が危うくなったりする事例を取り上げた。第2章では、大学内で、給与を受け取っている助教や、学費を払っている院生が、共同研究に無償で協力させられて、自分の研究ができなくなり、ついには退職した事例を取り上げた。第3章では、教員の斡旋や紹介で、外部のベンチャー企業などに勤務し、研究員として給与はもらえるが、任期付で、競争的資金が切れると、解雇される研究者の事例を取り上げた。ポストドクターの中で、大学発ベンチャー企業に勤める者の割合は非常に低いだろう。しかし、そこにさまざまな問題が集約されている。

ポストドクター問題は、国全体で考えるべきものだ。先達（教員や先輩）は、若手研究者の行く道を邪魔するのではなく、公平になるように仕組みを整備すべきだ。大学発ベンチャー企業の問題は、競争的資金の使い方を含めて点検が必要だろう。

研究者を搾取すべきではない。政策的に数を追うのではなく、企業にも研究者にもメリットのある共同研究のみが推進されるべきだ。共同研究は「公平」に遂行されるべきである。公平とは、本書で述べてきた通り、自由意思で参加した全ての者に、寄与に応じたメリットがあることだ。メリットの中には、経済的な利益や特許などの権利、論文などの業績も含まれる。立場が弱くても、実際の貢献に応じて特許などは認められるべきだ。これが公平な共同研究ではないか。

これが本書の結論だ。

【第３章のまとめ】

1、ポストドクターの問題は根深く、制度設計に起因した弊害である。一部は有期雇用として、大学や研究機関、大学発ベンチャー企業に職を得ているが、任期付雇用で状況は厳しい。多くの若手研究者が疲弊している。

2、大学の一般経費が削られ、その多くが競争的資金にまわされてきた。その影響で大学でのパーマネントの職が減少し、任期付のポストが増えた。一番立場が弱い若手の研究者は、その影響を大きく受けている。

3、競争的資金は、3年とか5年というような期限が決められており、それが切れると、最終的に若手研究者の職がなくなってしまう場合がある。

4、大学発ベンチャー企業に関連するポストドクター問題は、数は少ない。ただ、大学の一般経費を削減する代わりに増やされた競争的資金の一部が、大学発ベンチャー企業に流れている。果たして大学発ベンチャー企業育成に、一般経費を削った成果が出ているか検証が必要だ。

5、大学発ベンチャー企業は、競争的資金を受けることが大きな目的で、十分な売上を上げている企業は少ない。そのような企業は、競争的資金が取れないと継続できない。その結果、若手研究者も契約延長がなされないか、解雇される。若手研究者には、厳しい状況だ。

6、大学発ベンチャー企業の定義も問題で、各種統計には、厳密な意味での大学発ベンチャーに相当しない企業も含まれている。公的な支援はかなり充実していて、多くの企業が補助金を受け取っているが、それが売上につながっているか。きちんと定義づけをして、補助金を受け取った企業がきちんと成果を出しているか、検証が必要ではないか。

あとがき

本書を書くにはさまざまな方のご協力があった。実は、かなり多くの理系研究者の方々に、匿名を条件にご協力いただいている。その性格上、不利益が及ぶこともあるので、名前を挙げることはできないが、御礼申し上げる。

また、事件の当事者となった方々については、匿名性を保つため、脚色して書かせていただいた。この点、ご了承いただき感謝を申し上げる。今後の研究生活の成功を祈念する次第だ。特に若手の研究者の方々に対しては、教員の先輩として、安定した職に就いて落ち着いて研究できることを願ってやまない。

本書は、「高学歴ワーキングプア」という言葉で、ポスドク問題を取り上げた三宅編集長のご理解のおかげで世に出すことができた。

実は別の出版社にも、企画を持ち込んだが、その多くは門前払いだった。旧知の編集者に理由を聞いたところ、財団法人等から出版社への広告出稿に支障が出る可能性を考慮したのではないか、ということだった。この問題の根深さを感じた。光文社には、感謝しかない。


余談だが、本書の企画が三宅編集長の目にとまったのは、光文社の雑誌コンテンツ事業部の部長である遠藤氏のご配慮による。遠藤氏と私が、同じ場所でテニスをしている縁で、私の企画案が三宅編集長に渡ったのだ。私の下手な、一向に上達しないテニスが契機で、出版する機会をいただいたことにどのような意味があるのか、いまだにわからない。ただ、本書のような論争を呼ぶ内容が日の目を見たことには、ただただ感謝しかない。読者諸兄の率直なご批判を、アンケートにお寄せいただき、ご指摘いただければ幸いだ。

2020年4月から大学無償化法が施行予定だが、受験生をはじめ、学生、院生、研究者、事務局の担当者、および企業の担当者、関係者にとって、より開かれた研究環境が整備されることを願うばかりだ。

主な参考文献一覧

中山信弘『特許法第３版』（弘文堂）

高林龍『標準特許法』（有斐閣）

増井和夫・田村善之『特許判例ガイド第３版』（有斐閣）

中山信弘他編『別冊ジュリスト特許判例百選』（有斐閣）

牧野利秋・飯村敏明他編『知的財産訴訟実務体系Ⅰ』（青林書院）

飯村敏明・設樂隆一編著『知的財産関係訴訟』（青林書院）

愛知靖之他著『知的財産法』（有斐閣）

高林龍編『知的財産権侵害と損害賠償』（成文堂）

山田仁一郎『大学発ベンチャーの組織化と出口戦略』（中央経済社）

桐畑哲也『日本の大学発ベンチャー――転換点を迎えた産官学のイノベーション』（京都大学学術出版会）

高瀬進『大学発ベンチャー起業家の「熟達」研究』（中央経済社）

経済産業省「大学発ベンチャー調査、大学発ベンチャーデータベースを公表しました」

https://www.meti.go.jp/press/2019/05/20190508001/20190508001.html

「平成30年度大学発ベンチャー調査 調査結果概要」 ２０１９年5月 経済産業省 産業技術環境局 大学連携推進室

https://www.meti.go.jp/policy/innovation_corp/start-ups/h30venturereport_gaiyou.pdf

文部科学省「第5期科学技術基本計画の概要及び進捗状況のハックと分析結果について」

https://www.mext.go.jp/content/1411036_10_2.pdf

「ベンチャー支援に関する文部科学省の取組について」平成31年3月　文部科学省
https://www.kantei.go.jp/jp/singi/tougou-innovation/dai4/siryo3-3.pdf

山田剛志（やまだつよし）
成城大学教授・弁護士・博士（法学）。新潟大学法学部卒業後、銀行員を経て、一橋大学大学院法学研究科博士後期課程単位取得。アメリカ・コロンビア大学ロースクール客員研究員（Visiting Scholar）。博士論文『金融自由化と顧客保護法制』（中央経済社）。専攻は会社法・金融法（企業買収など）。専門業績多数。新潟大学准教授を経て、2010年成城大学法学部教授。上場会社社外監査役。敵対的買収やヘッジファンド対応なども経験豊富。一般書としては、『法科大学院』（平凡社新書）、『暮らしのトラブル法律相談』（中公新書ラクレ）等がある。'04年新潟弁護士会、'10年東京弁護士会に登録。本書のテーマに取り組み、研究者の権利を守るため、'20年3月より、弁護士法人日新法律事務所設立。https://nisshin-law.jp/

搾取《さくしゅ》される研究者《けんきゅうしゃ》たち　産学共同研究《さんがくきょうどうけんきゅう》の失敗学《しっぱいがく》

2020年3月30日初版1刷発行

著　者 —— 山田剛志
発行者 —— 田邉浩司
装　幀 —— アラン・チャン
印刷所 —— 堀内印刷
製本所 —— ナショナル製本
発行所 —— 株式会社光文社
東京都文京区音羽1-16-6（〒112-8011）
https://www.kobunsha.com/
電　話 —— 編集部03（5395）8289　書籍販売部03（5395）8116
業務部03（5395）8125
メール —— sinsyo@kobunsha.com

 ISBN 978-4-334-04465-7

1033
データでよみとく 外国人〝依存〟ニッポン
NHK取材班

新宿区、新成人の2人に1人が外国人――。外国人の労働力、消費力に〝依存〟する日本社会の実態を豊富なデータと全国各地での取材を基に明らかにする。

978-4-334-04432-9

1034
売れる広告　7つの法則 九州発、テレビ通販が生んだ「勝ちパターン」
電通九州・香月勝行
妹尾武治
分部利紘

「作品」としての「広告」ではなく「売れる」広告を作るには？通販広告のプロと心理学者2名がタッグを組んで、「売れる」鉄板法則と「A・I・D・E・A（×3）」モデルを徹底解説。

978-4-334-04442-8

1035
生命保険の不都合な真実
柴田秀並

人の安心を守るために生まれた生命保険が、人の安心を奪う――。大手や外資、かんぽ生命などの相次ぐ不祥事の背景にある、顧客軽視の販売構造と企業文化を暴く。

978-4-334-04443-5

1036
恥ずかしながら、詩歌が好きです 近現代詩を味わい、学ぶ
長山靖生

詩を口ずさみたくなるのは若者だけではない。歳を重ねたからこそ心に沁みる詩歌がある――。時代を作ってきた近現代詩歌を引きつつ、詩人たちの実人生と共にしみじみと味わう。

978-4-334-04444-2

1037
宇宙は無限か有限か
松原隆彦

宇宙は無限に続いているのか、それとも有限に途切れているのか。「果て」はあるのかないのか。現代の科学では答えの出ていない〝未解決問題〟を、最新の宇宙論の成果を交えて考察。

978-4-334-04445-9

1038

バンクシー
アート・テロリスト

毛利嘉孝

21世紀のピカソ？　詐欺師？　ビジネスマン？　反体制のヒーロー？　いったい何者なのか？　活動の全体像、文化的文脈とは？　多くの謎に包まれたアーティストに迫る格好のガイドブック。

978-4-334-04446-6

1039

つつまし酒
懐と心にやさしい46の飲み方

パリッコ

人生は辛い。けれども、そんな日々にも「幸せ」は存在する。いつでもどこでも、美味しいお酒とつまみがあればいい。「飲酒」と「酒場」を愛するライターによる〝ほろ酔い〟幸福論。

978-4-334-04447-3

1040

美を見極める力
古美術に学ぶ

白洲信哉

いまブームの日本美術。西洋美術との大きな違いは、実際に使うことで「美」を育てていくところにある。目利きになるための最良の入門書にして「特異な美」の深みへといざなう一冊。

978-4-334-04449-7

1041

続・秘蔵カラー写真で味わう60年前の東京・日本

J・ウォーリー・ヒギンズ

もっと見たい！　の声に応え続編。蔵出しのプライベート・フィルムの傑作も加え、選りすぐりの５４４枚を惜しみなく公開。東京＆全国各地の昭和30年代の人々と風景がカラーで蘇る。

978-4-334-04450-3

1042

東大医学部卒ママ医師が伝える
科学的に正しい子育て

森田麻里子

ママであり医師でもある著者が、医学論文約１７０本を徹底リサーチして生まれた、いま最も「使える」育児書。世界の最新研究を知るだけで、もう育児に迷わない！　楽になる！

978-4-334-04452-7

光文社新書

1043
アルゲリッチとポリーニ
ショパン・コンクールが生んだ2人の「怪物」
本間ひろむ

「生きる伝説」2人はどんな人生を歩み、演奏スタイルを追求してきたのか。音楽的事象を軸に綴りながら、20世紀後半から現在までのクラシック音楽史を描き出す。【名盤紹介付き】

978-4-334-04453-4

1044
アイロニーはなぜ伝わるのか？
木原善彦

「言いたいことの逆」を言っているのに、なぜ相手に意図が伝わるのか？　人間が操る修辞の、技術的な結晶であるアイロニーの可能性を、古今東西の文学を通じて探っていく。

978-4-334-04454-1

1045
21世紀落語史
すべては志ん朝の死から始まった
広瀬和生

「志ん朝の死」で幕を開けた21世紀の落語界。その現在に至るまでの出来事を、落語ファンとして客席に足を運び続けた立場から振り返り綴る。「激動の時代」を後世に伝える一冊。

978-4-334-04455-8

1046
中学の知識でオイラーの公式がわかる
鈴木貫太郎

天才の数式は最低限の知識で誰でもわかる。数学0点で再生2200万回超のユーチューバーが保証。動画もあるから迷わない。目指すのは丸暗記ではなく真の理解。予習ナシで今出発！

978-4-334-04456-5

1047
御社の新規事業はなぜ失敗するのか？
企業発イノベーションの科学
田所雅之

「3階建て組織」を実装できれば、日本企業はイノベーティブに生まれ変わる――ベストセラー『起業の科学』の著者が大企業に舞台を移し、新規事業を科学する！

978-4-334-04457-2

光文社新書

1048

首都圏大予測

これから伸びるのはクリエイティブ・サバーブだ!

三浦展

本当に人を集める力のある街はどこか? 首都圏在住者への大規模調査とフィールドワークを通じてわかった、東京郊外の趨勢を忖度なしの徹底予測。

978-4-334-04451-0

1049

体育会系

日本を蝕む病

サンドラ・ヘフェリン

パワハラ・忖度・過労自殺・組体操事故・#KuToo…不合理な同調圧力は学校から始まる。愛する日本が先進国であるために、負の連鎖を破る特効薬を日独ハーフの作家が緊急提言!

978-4-334-04458-9

1050

ONE《ワン》 TEAM《チーム》のスクラム

日本代表はどう強くなったのか?

増補改訂版『スクラム』

松瀬学

2019年の流行語大賞にも輝いた「ONE TEAM」。その象徴はスクラムだ。長谷川慎コーチ、堀江翔太、稲垣啓太、具智元が明かす、フィジカル勝負、心理戦、頭脳戦の攻防。

978-4-334-04460-2

1051

段落論

日本語の「わかりやすさ」の決め手

石黒圭

段落を意識すると、文章力はもちろん、読む力や話す力までも伸ばすことができる——思考をわかりやすく整理してくれる「段落」の可能性を、日本語研究の第一人者が明らかにする。

978-4-334-04461-9

1052

期待値を超える

僕が失敗しながら学んできた仕事の方法

松浦弥太郎

情けない失敗だって、むしろチャンスなんだ。仕事で苦しい思いを抱えていても、自信は取り戻せる。元『暮しの手帖』編集長による、勇気がわいて少しだけ前向きになれる仕事論。

978-4-334-04462-6

1053
女性リーダーが生まれるとき
「一皮むけた経験」に学ぶキャリア形成

野村浩子

女性の思考と行動が社会を変える――。四半世紀にわたって女性リーダーの取材を続けてきた著者が国内外の女性役員にインタビュー。キャリア形成のヒントを探る。【推薦・金井壽宏】

978-4-334-04463-3

1054
自己分析論

高橋昌一郎

「私とは何か」は答えのない問いだから、日本の学生が苦しんで当然。就活で便利ツールを使った攻略法から人生における「本当の自分発見」まで。探究を続ける人のための道案内。

978-4-334-04464-0

1055
搾取される研究者たち
産学共同研究の失敗学

山田剛志

突然届いた特許の「権利放棄書」、企業からの無理難題、研究者を守らない大学、心を病む助教、院生、学生……。産学共同研究政策は、研究者のためになっているのか？

978-4-334-04465-7

1056
芸術的創造は脳のどこから産まれるか？

大黒達也

創造性とは何か？　脳科学や計算論、人工知能に関する膨大な論文を通じて、「天からの啓示」とされる閃きのメカニズムを解析。カギは「脳の潜在記憶」にあった。

978-4-334-04466-4

1057
「自分らしく生きて死ぬ」ことがなぜ、難しいのか
行き詰まる「地域包括ケアシステム」の未来

野村晋

何が「地域包括ケア」の実現を不可能にしているのか。現役厚労官僚が柏市や岡山市での実践を基に具体的な行政手法を紹介。自治体や医療・福祉関係者、企業や市民に次の一歩を促す。

978-4-334-04467-1